ESTE ADOLESCENTE

necesita otros padres

Este adolescente
necesita otros
padres

David Solá

ediciones
noufront

A mis cinco hijos; cuatro han pasado por la adolescencia, y les agradezco el regalo sin precio que han significado para mi vida y la de mi esposa.

Ediciones Noufront
Plaza Vil·la Romana nº 3, 1º-3ª
43800 VALLS
Tel. 977 606 584
Tarragona (España)
info@edicionesnoufront.com
www.edicionesnoufront.com

Diseño de cubierta e interior: Ediciones Noufront
Fotografía de cubierta: Istock Photo
Corrección: Blanca Hermosa

2ª Edición: Marzo 2008

Depósito Legal: B-14756-2008 Unión Europea
ISBN: 978-84-935641-1-7

Printed by Publidisa

ÍNDICE

Prefacio

Cuando se abre un libro de autoayuda como éste, cualquier persona tiene una expectativa de lo que puede encontrar en él. Aunque es cierto que hay muchos libros que intentan dar respuesta a esta cuestión tan candente como es la relación padres-hijos y la educación de estos últimos, sin embargo no abundan aquéllos en los que realmente se anime al lector a toda una serie de cambios vitales fruto de la reflexión y el pensamiento práctico. Y es que la literatura de este tipo suele caer o bien en una teorización de los comportamientos humanos que no resuelve ningún conflicto concreto, o lo contrario, una serie de consejos y casuísticas anecdóticas que son difíciles de extrapolar a las situaciones personales de cada lector.

Por tanto, si pensamos en libros milagro o fórmulas mágicas para las relaciones interpersonales, éste no es el lugar para buscarlas. En cambio sí podemos decir que el presente libro está escrito desde la experiencia y para la experiencia. No es un elenco de casos obtenidos como en un laboratorio, después de múltiples ensayos y errores. No, la riqueza de este libro radica en que surge de la experiencia terapéutica que durante años el autor ha seguido con multitud de familias. La diferencia entre un consejo, incluso un buen consejo, y una estrategia eficaz está precisamente en este último aspecto. No se trata de teorías aplicadas a los casos prácticos, o incluso de estudios clínicos o patológicos, sino terapias orientadas y perfiladas por la experiencia que demuestra su eficacia en la resolución de conflictos relacionales.

Por lo demás, recordar lo ya sabido: los libros no cambian a las personas, sino la reflexión que individualmente cada uno saca de lo leído, reflexionado o vivido. El libro ayuda, pero no es la respuesta; cada uno encuentra la respuesta en su interior. Habrá padres que sólo busquen confirmar sus intuiciones, descargarse de su sentimiento de culpabilidad o intentar justificar su fracaso personal. Para resolver un problema no hay que buscar al culpable y centrarse en quién es el responsable del conflicto. Así no llegaremos a ninguna parte. Este libro no busca a un o unos culpables, sino que se presenta como una herramienta para aquéllos que enfocan los problemas desde la perspectiva de luchar por salir del conflicto, no cerrar en falso las heridas sino buscar la felicidad del otro, a veces a costa de la propia, elevar la autoestima del otro, reducir su sufrimiento en la medida de lo posible. Nadie dijo que las relaciones personales fueran fáciles, pero las familiares hay momentos en que, desde luego, no lo son. El dejar crecer a un hijo es algo maravilloso, pero que comporta un grado de sacrificio y dolor para los padres. No podrán evitar que sufra, que experimente por su cuenta, que se equivoque, pero también supone la satisfacción de contribuir a que un proyecto de ser humano se complete y realice por sí mismo, pensando y actuando no conforme a nuestros propios criterios, sino según su conciencia propia, en la que si hemos sido buenos padres habremos tenido algo que ver.

Un último apunte en aras de la brevedad. No hay que desanimarse. Es muy fácil ver cómo fracasamos en tantas cosas y lo mucho que nos equivocamos a la hora de intentar tener una buena relación con nuestros hijos. Después de leer este libro podría darse el caso de tener una sensación mezclada de dulzor y amargura. Puedes aprender mucho y a la vez sentirte fracasado porque no has sido capaz de hacer tú lo mismo en aquellos casos con los que más te identificas. No hay que perder nunca la ilusión ni el deseo de mejorar. Desde la perfección es muy difícil que se pueda resolver nada, pero cuando uno asume sus propias limitaciones, entonces estamos poniendo la primera piedra para resolver la ardua tarea de la vida, el intento de pasar el testigo de nuestra herencia familiar a nuestros hijos.

José Manuel Palomo
Profesor de Secundaria

Introducción

¿Este adolescente necesita otros padres?

Sí, pero *no* unos padres cualesquiera. De ser así, el remedio podría ser peor que la enfermedad. Este adolescente necesita un padre y una madre que le amen como lo amáis vosotros, que le comprendan como lo hacéis vosotros, que estén dispuestos a ayudarle como lo estáis vosotros, que tengan claras las pautas a seguir como las tenéis vosotros; pero que, a su vez, puedan ejercer de padres por encima de su particular experiencia personal, que no conviertan a su hijo en víctima de sus carencias, represiones, temores, inseguridades, dependencias y demás secuelas emocionales negativas. En definitiva, un padre y una madre que rocen la excelencia a partir de una renovación interior, gracias a la aportación que sus hijos han realizado en sus vidas por el hecho de ser los receptores de su altruismo y realización personal en el área familiar.

Cuando unos padres se enfrentan a la tarea de cuidar y educar un hijo, no sólo están invirtiendo valores materiales y personales, sino que también abren su corazón y se implican emocionalmente. Esto significa que van a disfrutar de momentos inolvidables, pero también habrá momentos en que pueden llegar al límite de sus capacidades y ser desbordados por las exigencias, las resistencias, o lo imprevisible de su conducta.

Esta relación tan estrecha con el hijo tiene la facultad de sacar tanto lo mejor como lo peor de los padres, pero ningún padre que ama a sus hijos desea transferirle lo peor que hay en él, sino lo mejor. Por ese motivo, hay diferentes reacciones en los padres: unos se justifican para no sentirse culpables, otros tratan de compensar sus carencias gratificando a su hijo de alguna manera, y los hay que se interesan por crecer personalmente junto con su hijo, desarrollando aspectos de su interior y de sus facultades para que él encuentre siempre en sus padres la ayuda adecuada para avanzar y desarrollar todo su potencial.

Por otra parte, cuando puede tomarse perspectiva de un estado de conflicto, se observa como padres e hijo han quedado atrapados en un círculo vicioso complementario en el que mutuamente mantienen y refuerzan el problema. En esta situación suele resultarles difícil darle salida y, en la mayoría de casos, la facultad de hacerlo se encuentra del lado de los padres. Hay cosas que los padres hacen y no deberían hacer, hay cosas que los padres no hacen y sí deberían hacer. En cada una de estas situaciones, la conducta de los hijos suele ser una reacción a las acciones de los padres y, los padres vuelven a actuar sobre la reactividad del hijo que, a su vez, le produce más reactividad o se la mantiene.

A través de los diferentes capítulos, y especialmente en la segunda parte del libro, se presentan una serie de casos tratados, que muestran los conflictos típicos que enfrentan a los padres con sus hijos adolescentes y jóvenes; aunque la idea no es hacer una extensa recopilación de problemas y soluciones, sino sensibilizar a los padres con un conjunto de conceptos, técnicas, estrategias de solución y ejemplos que les ayudarán a ver con más amplitud y perspicacia lo que ocurre entre ellos y sus hijos.

También es cierto que hay otro tipo de problemas típicos de los adolescentes como pueden ser: anorexia, bulimia, fobias, delincuencia, depresión, intentos de suicidio, ansiedad, etc., los cuales podrían solucionarse, o contribuir a ello, con algunas de las técnicas expuestas en este libro. Sin embargo, creo que son problemáticas que los padres no deben abordar solos y deberían pedir ayuda a un especialista.

Padres e hijos crecen y la familia evoluciona positivamente cada vez que se van resolviendo positivamente las diferentes situaciones de conflicto que de forma natural e inevitable van presentándose. En estas circunstancias, se desarrollan aspectos personales y sentimientos que contribuyen a una madurez integral, que de otra forma sería difícil conseguir. Por lo tanto, la mejor actitud es la de aceptar el conflicto como una oportunidad que la vida nos ofrece para hacernos bien. A partir de aquí, vamos a ponernos a trabajar con sabiduría y amor.

1: Cuando educar y convivir no es fácil

Parte 1.

Parte 1.
Este adolescente necesita otros padres

Se cuenta que un rey colocó una roca en un camino obstaculizándolo, después se escondió y miró para ver si alguien la quitaba y volvía a dejar libre el camino.

Algunos de los comerciantes más adinerados al pasar por aquel lugar, simplemente rodearon la roca dejándola como estaba. De la misma forma, actuaron otros cortesanos y gente importante del reino.

Muchos culparon al rey de no mantener los caminos despejados, y algunos propusieron que lo mejor sería cambiar de rey.

Pasadas algunas horas pasó por allí un campesino que llevaba una carga de verduras; al aproximarse a la roca puso su carga en el suelo y trató de mover la roca a un lado del camino. No fue fácil, tuvo que probar de diferentes maneras y auxiliarse de lo que encontró cerca hasta hacerla rodar dejando despejado el camino.

Al volver a recoger su carga de verduras, vio algo en el lugar donde había estado la roca. Era una bolsa que contenía monedas de oro y una nota del mismo rey: "Estas monedas serán para aquél que remueva la piedra y despeje el camino".

Es mucho más fácil dar el ser a un hijo que darle una buen alma.
Teógnides

Una madre me decía que la experiencia con su hijo mayor nunca fue fácil: "Desde que nació fue incordiante, tanto de día como de noche". Con niños así, no hace falta esperar a la adolescencia para atravesar una época difícil en la familia. Pero, afortunadamente, estos casos no son la tónica normal; lo propio es que los padres disfruten plenamente de sus hijos en sus primeros años de vida y luego, conforme éstos van creciendo, aparezcan comportamientos y nuevas situaciones que crean conflictos.

Cuando aparecen los primeros conflictos se suelen solucionar con relativa rapidez y facilidad; salvando algunas excepciones, los padres siempre terminan ganando el desencuentro con su extenso repertorio de argumentos, discursos, trueques, amenazas, chantajes, castigos, gritos y, en ocasiones, golpes. Es difícil que el "enano" no ceda ante el gigante pertrechado con todo este despliegue de artillería.

No existen dogmas universales que funcionen por igual en todos los niños y niñas, de ahí que las recetas mágicas no acostumbran a dar muy buen resultado. Cada hijo es un ser único en todos los aspectos, tanto en su herencia genética, anímica, como ambiental y su forma de pensar, sentir y actuar siempre será particular.

La cuestión es que padres e hijos han de realizar una parte del camino juntos, y los intereses de cada parte muchas veces se oponen creándose los conflictos. Pero en realidad, un niño o una niña esencialmente no son tan diferentes de su padre o de su madre, aunque muchas veces pueda parecer lo contrario. Las necesidades anímicas de todas las personas son las mismas, lo que ocurre es que la manera de exteriorizarlas y de interpretarlas varía mucho de uno a otro; por ejemplo, delante de una misma conducta del hijo, un padre y una madre pueden ver y sentir dos cosas totalmente diferentes.

Padres e hijos pueden disfrutar mutuamente durante todo el recorrido y más allá de él si son capaces de vivir en sintonía. No es tan difícil, en mi experiencia con problemas de familia suelo comprobar cómo unos y otros complican las cosas, y muchas veces crean problemas donde no los había. En el momento en que toman conciencia de lo que está ocurriendo, pueden liberarse de la inercia en la que se hallan inmersos y cambiar las cosas para bien.

Las expectativas de los padres no siempre se cumplen

Todos los padres, de forma más o menos consciente, tienen expectativas sobre sus hijos e hijas. En principio, todas ellas positivas. La mamá mira al bebé y piensa en cuánto peso habrá ganado durante la semana, el papá en que pronto se lo llevará a descubrir el mundo. A no ser padres con mentes muy negativas, todos viven con ilusión la venida y crecimiento del hijo. Pero la realidad de la vida es otra; no es que la primera no exista, sino que también incluye situaciones imprevistas de todo orden.

Puedo observar una y otra vez a los padres y madres cuando llegan a la consulta con sus hijos; sus caras reflejan esperanza o cansancio, desencanto o indignación y demás sentimientos relacionados con el problema que les trae. Quieren mucho a sus hijos y se han esforzado por ellos, pero ahora vienen buscando el manual de instrucciones para resolver alguna cuestión que les supera.

Cuando aparece una situación no prevista, no tiene por qué ser un problema, puede convertirse en un problema dependiendo de cómo se maneje. El hecho es que suele generar disgusto porque no formaba parte del repertorio de expectativas asumibles por los padres.

La actitud de los padres ante la situación sí es determinante para convertirla en un problema o en una oportunidad para crecer juntos. Las situaciones que presenta la vida, y en este caso los hijos, son las que son; el calificarlas como buenas o malas suele depender de lo que signifique para cada uno y de las consecuencias que se deriven de ella.

Unos padres que contaban con titulación superior lamentaban que ninguno de sus cuatro hijos había tenido predisposición para cursar estudios universitarios. En la conversación me explicaron que contaban con unos ahorros para que los hijos pudieran estudiar en cualquier universidad que desearan, incluidas las de otros países. Se sentían desilusionados y pensaban de sus hijos que eran unos desagradecidos, ya que no sabían valorar la oportunidad que ellos les habían ofrecido.

El hecho de que estos hijos no estudiaran en la universidad, en principio no es ni bueno ni malo; si acaso, sería más importante saber el porqué no continuaron sus estudios. Pero la cuestión es que los padres tenían unas expectativas sobre los hijos que les parecían lógicas y daban sentido a sus vidas, y éstas no se cumplieron.

Cuando una expectativa no se cumple, se experimenta frustración, y los sentimientos que se generan siempre son negativos y nos llevan a sufrir algún tipo de consecuencias:

Perdemos la objetividad de la situación. Aquellos padres valoraban negativamente que sus hijos no hubieran estudiado una carrera universitaria. Pensaban que por esta causa, se enfrentaban a la vida con una posición inferior a la que les correspondía.

Nos afecta al estado de satisfacción interior. Ellos se sentían tristes por este hecho, es como si la vida les hubiera negado algo que les correspondía por derecho.

Deteriora la confianza que hemos depositado en la otra parte. Aunque conscientemente hayamos aceptado el hecho, hay sentimientos profundos que se han modificado y no siempre se restauran al mismo nivel que estaban anteriormente, sino que formarán parte de una nueva concepción sobre nuestros hijos.

Nos predispone a relaciones negativas. El trato de un padre frustrado con su hijo no es el mismo que si éste hubiera cumplido sus expectativas. Por regla general, las expectativas siempre condicionan la forma de relacionarse las personas. Si crees que tu hijo no es capaz de realizar una determinada cosa, muy posiblemente no se te ocurrirá proponérsela.

Simplemente tenemos que observar una familia cualquiera con varios hijos para comprobar cómo los padres los tratan de manera desigual (aunque aseguren lo contrario). Al preguntarles por las expectativas que tienen sobre ellos, se pondrá de relieve que éstas se encuentran directamente relacionadas con el tipo de relación que mantienen con cada hijo.

Responsabilizamos al otro de nuestros sentimientos negativos. Siempre está latente la tendencia de buscar un culpable al sufrir una frustración, haciendo juicios y valoraciones injustas hacia la otra parte. Alguien debe cargar con la responsabilidad de nuestra decepción. De esta forma, nuestro hijo deberá asumir dos cosas: la de vivir (según nosotros) por debajo de sus posibilidades y la de hacernos un poco más infelices.

Vemos un problema donde posiblemente no lo hay. No estudiar una carrera universitaria abre otras alternativas profesionales muy necesarias para la sociedad y que pueden proporcionar muchas satisfacciones. El que se viva como un problema o como un proyecto profesional alternativo, sólo dependerá de lo que pueda significar para cada uno de nosotros. Por tanto, la cuestión no es el hecho en sí mismo, sino la interpretación que le demos.

Después de lo dicho anteriormente, uno se pregunta: ¿es conveniente tener expectativas? Por supuesto que hay que tener expectativas, pero siempre que sean positivas para el desarrollo de nuestro hijo. Una expectativa de confianza en sus capacidades para enfrentarse a una situación nueva le reforzará la seguridad en sí mismo; en cambio, todas aquellas expectativas que esencialmente son proyecciones de los padres hacia sus hijos, están abocadas a crear conflictos en el hijo y en las relaciones de éste con los padres.

Las expectativas que los padres tienen sobre los hijos no siempre se manifiestan explícitamente, pero en la mayoría de los casos se intuyen de forma subliminal, de tal manera que en los hijos se despiertan sentimientos y actitudes que les disponen a colaborar o a enfrentarse con las figuras de autoridad, a ser estimulados para superarse o a caer en el desánimo.

Los hijos cambian más de lo que era de suponer

Los hijos cambian en más aspectos de lo que la mayoría de padres tenía previsto. Todos los padres saben que habrá cambios y algunos se preparan para esperarlos, pero siempre dentro de unas previsiones. Viene un día que a muchos de ellos se les escuchan exclamaciones como ésta: "Nunca me hubiera imaginado que mi hijo me hablara de esta forma". Por supuesto, estas cosas sólo les ocurren a otros padres, pero no a nosotros.

Cuando las previsiones son superadas, viene el desconcierto: "Nadie nos ha preparado para afrontar estas situaciones". Entonces hay que abrir el cajón de los recursos y ver si hay alguno que pueda poner bajo control al adolescente antes de que las cosas se deterioren más.

Los hijos cambian porque tienen que cambiar, esto es lo natural, y si dejaran de crecer en el punto que los padres escogieran, dentro de poco tiempo se sentirían mal por ello al ver que todos sus compañeros siguen creciendo y su hijo se queda atrás.

El hecho de crecer y mantenerse en cambio constante es positivo siempre que su entorno más íntimo sepa asumir estos cambios. En el caso de no ser así es cuando hay heridos. De hecho, todas las cosas que interactúan con un niño o una niña van ajustándose a sus cambios: la medida del calzado que usaba cuando tenía 6 años no es la misma que usa al tener 12 años, y así mismo podríamos decir de todo lo demás.

Si una madre se empeñara en que su hijo continuara usando la misma medida de zapato a los 12 años que la que usaba a los 10 años, ocurrirían cosas graves para el pie del niño, para el zapato, o para los dos. No hay más remedio que adecuar los zapatos a los pies del niño. Igualmente, todos los padres y madres asumen que si el hijo mayor cuando tenía 12 años usaba zapatos del número 38, no necesariamente el siguiente hijo a la misma edad debe usar la misma medida. Cada hijo es un ser único, y su proceso evolutivo también.

Lo que parece tan evidente en lo físico no lo es tanto en otros niveles de su personalidad, donde los padres quieren seguir manteniendo el control dentro de los límites que hasta entonces les había dado seguridad. Viene un momento en que los límites se han quedado pequeños, el niño ya no es un niño, sino un adulto joven, el tipo de relación asimétrica y vertical que hasta ahora funcionaba sólo creará problemas y complicará las cosas. Se requieren nuevos ajustes, adecuados al momento y en el punto de evolución en el que se encuentra el hijo.

Un adolescente tenía un conflicto con su madre porque no entendía que él deseaba ser uno más entre sus amigos; esto requería dedicar un tiempo que antes pasaba en casa, modificar un poco su forma de vestir y, a ser posible, disponer de un teléfono móvil. La madre se resistía porque presentía que no acabarían aquí las peticiones.

A muchos padres que ya tenían asumido que sus hijos cambiarían, les viene de nuevo que, según ellos, los cambios han llegado demasiado pronto.

−Espérate un par de años −le decía un padre a su hija de 15 años−, eres aún una niña para empezar a salir con chicos.

En realidad los cambios llegan cuando llegan. Todos somos producto no sólo de una genética, sino también de un ambiente social y un momento histórico. Posiblemente, los puntos de referencia de muchos padres no están adecuados a las circunstancias presentes, por lo que les resulta más difícil encajar y responder adecuadamente a las nuevas situaciones.

Al cambiar los hijos, por necesidad han de cambiar los padres.

Una familia no es un ente estático; si alguna lo fuera, estaría afectada de un grave mal. Por el contrario, uno de los rasgos que la definen es su carácter evolutivo. Aunque sus miembros no se den cuenta, se encuentran en cambio continuo. Los niños crecen y a los adultos les salen canas; los cónyuges pierden la pasión de los primeros años y los hijos se independizan. La llegada de un nuevo miembro a la familia o la salida de otro, pueden provocar cambios importantes en los hábitos diarios. Los diferentes turnos en los horarios de trabajo o la implicación en nuevas actividades de alguno de sus componentes, crean desajustes que deben ser reajustados y, pasando el tiempo, se puede observar cómo la familia ha evolucionado notablemente, es otra familia en múltiples aspectos.

Cuando el hijo mayor de una familia entró en la universidad, no pudo obtener plaza en la facultad de su provincia y tuvo que desplazarse a estudiar a otra provincia, hospedándose en la residencia de estudiantes. Eso significó que estaba ausente de casa durante la semana. El hijo menor experimentó algunos cambios pues se sintió más presionado por los padres, los cuales centraban más la atención sobre él. La madre tenía más tiempo libre y se integró en unos cursos de informática que luego le llevaron a causarle algunos problemas con las nuevas relaciones que hizo en Internet...

Al cabo de un año, aunque en la placa del buzón seguían apareciendo los mismos nombres de los titulares, la familia era sensiblemente diferente.

Una forma de ver a la familia es considerarla como un sistema abierto, en el que sus elementos son los miembros que la componen formando una unidad funcional. Este sistema familiar cuenta con una estructura de relaciones que necesariamente les somete a una interdependencia. Una de las características que la diferencian de otros grupos es la repercusión circular que cualquier cambio tiene entre los miembros del sistema.

Unos padres me explicaban lo mal que lo estaban pasando entre ellos por causa de su hijo adolescente. "Nunca habíamos tenido problemas entre nosotros como pareja, pero ahora nos pasamos el día discutiendo y culpándonos mutuamente de lo que hace nuestro hijo". La cuestión era que el hijo había comenzado a consumir hachís y la madre se asustaba mucho cada vez que su hijo salía en compañía de los amigos que también lo consumían. Su impotencia la proyectaba sobre el padre exigiéndole que solucionara la situación; el padre intentaba todo tipo de acciones con el hijo que no terminaban de dar resultado; el hijo comenzó a mentirle a la madre y ésta se ponía cada vez más nerviosa agobiando más al padre....

De esta forma convirtieron una conducta del hijo en una situación de repercusión circular autoalimentada y reforzada, con difícil solución hasta que alguien no rompiera el círculo vicioso.

Así pues, cualquier cambio en un elemento influye en todos los demás, y el "todo" volverá a influir en los elementos haciendo que el sistema continúe cambiando.

En la dinámica del sistema familiar hay una fuerte predisposición a la autorregulación para volver a equilibrar los cambios efectuados por un miembro del sistema. Estas acciones pueden ser de dos tipos: las que anulan o amortiguan el impulso de cambio y las que amplían y refuerzan los estímulos para cambiar. Éstas últimas son las que favorecen el crecimiento y la transformación.

En este caso, la madre forzaba la autorregulación intentando anular el impulso de cambio. El resultado no fue el deseado y, como suele pasar cuando no se consigue, se generó una situación de mayor conflicto. Sólo cuando los padres comprendieron que la mejor forma de conseguir resultados positivos era partir de una aceptación de la situación, terminaron las mentiras del hijo y las proyecciones de la madre sobre el marido. Entonces, se pudo reconducir al joven con un poco de habilidad y paciencia hacia otro ambiente más conveniente.

El objetivo que subyace en el sistema como tal es la armonía, pero ésta es la consecuencia del estado de las relaciones, y las relaciones están condicionadas por los impulsos, movimientos y cambios de cada miembro de la familia. Cuando un hijo cambia, han de cambiar los padres a causa de la interdependencia que existe. Si no lo hicieran, y se resistieran al cambio, se generarían una serie de tensiones, presiones o desconexiones en la estructura de relaciones, dependiendo de la fuerza que ejerce el miembro que origina el cambio. Si los padres responden al cambio, pueden hacerlo tendiendo a conseguir de nuevo la armonía, o a aumentar el conflicto y hacerlo crónico. La cuestión es asumir el cambio y trabajar para convertirlo en una evolución positiva para la familia.

Abrirse al cambio positivo

Nadie piense que se está animando a los padres a que ensanchen su tolerancia a lo que el hijo demande; no es éste el sentido de lo expuesto anteriormente. Los padres que caen en este error lo pagan caro y sus hijos en el futuro también, pues tendrán muchas probabilidades de convertirse en unos inadaptados sociales.

Éste era el lamento de unos padres:

–Nuestro hijo tiene 19 años y, ni estudia, ni trabaja. Sólo vive para él, nada de lo que le proponemos le va bien, siempre encuentra excusas para evadir cualquier compromiso.

–¿Cuándo comenzó con esta actitud? –les pregunté.

–De los 15 a los 16 años le observamos este cambio negativo.

–¿Cómo actuasteis con él?

–Fuimos tolerantes, pensando que era una etapa de transición y que, pasado un tiempo, volvería a retomar sus estudios. Le propusimos que descansara los meses que restaban para terminar el curso y el próximo año volviera a continuar.

–¿Lo hizo por sí mismo?

–No, nunca más ha abierto un libro, ni ha colaborado para aceptar ningún trabajo.

Estos padres no ayudaron a su hijo, ni recondujeron los conflictos propios de la edad para superarlos. Sólo facilitaron que desarrollara su instinto hedonista y, de este modo, su fuerza interior se debilitó de tal manera que, cuanto más tiempo pasaba, más difícil le resultaba responsabilizarse de su vida.

Por supuesto, no se debe contemplar la posibilidad de que sea el tiempo por sí solo quien se encargue de resolver los problemas de la familia. Es demasiado arriesgado, y probablemente los males empeorarán. El tiempo en realidad no arregla nada; son las personas las que pueden cambiar su forma de pensar y sentir respecto a sí mismos y a lo que les rodea. No actuar en el momento necesario, es dar la oportunidad a otros elementos para que lo hagan en lugar de los padres sin su control, y exponer al adolescente a cualquier influencia negativa para su vida.

Y si los padres toman su lugar, muchas veces la familia puede convertirse en un campo de batalla donde cada uno lucha por sus intereses, perdiéndose de vista los principios fundamentales que sostienen el concepto y la función de la familia. Es lo que suele pasar cuando uno siente al que tiene delante como el contrincante y no como el compañero, responsabilizándole de que las cosas no vayan bien y de crear problemas que perturban la paz y la armonía de la convivencia. Cuando se piensa así mutuamente, habrá conflicto y lucha al situarse en posiciones contrarias: lo que es bueno para uno, no lo es para el otro.

El problema parecía ser las malas notas que el hijo traía a casa, las cuales desencadenaban un rosario de acciones por parte de los padres para conseguir que el chico mejorara su rendimiento escolar; pero ocurría el siguiente fenómeno: cuanto más control ejercían los padres y más medios de apoyo le proporcionaban, peores resultados obtenía en los exámenes. Los padres exigían resultados, ya que ponían todo lo que estaba en su mano, y el chico cada vez se sentía más agobiado, reaccionando en contra de los padres con distanciamiento y agresividad.

En el caso de que una parte ceda, se sentirá mal interiormente aunque no lo manifieste, pues se le fuerza a hacer algo que no quiere. En el caso de no ceder ninguna de las dos partes, la convivencia se convertiría en un castigo. Por tanto, la lucha de imposiciones es una vía negativa que no puede sostenerse desde una perspectiva evolutiva.

La fuerza que cada parte tiene para poder imponer a la otra su voluntad varía con el tiempo. Durante los primeros años de la vida del hijo, los padres pueden ser la parte fuerte (muchas veces no lo son); pasando el tiempo, luchar para imponerse suele ser más contraproducente que positivo. Más adelante, la fuerza de los hijos ya es indiscutible y, si no se ha construido una base de respeto y diálogo, la convivencia es muy difícil.

Este joven se sentía agobiado a causa de tener la sensación de estar todo el día delante de los libros y perderse la vida. Una vez terminado el horario escolar, debía asistir a las clases de repaso de las asignaturas que llevaba peor. Siempre estaba enganchado a los libros, que cada día odiaba más. Así estuvo por tres años, los cuales fueron un infierno tanto para el hijo como para los padres. A los 16 años se negó rotundamente a seguir estudiando y los padres tiraron ya la toalla porque habían agotado sus fuerzas por el camino.

Con toda seguridad, había otras alternativas para manejar este problema, pero este enfrentamiento continuado no sólo bloqueó al chico para seguir estudiando, sino que la relación entre él y sus padres quedó muy deteriorada.

Cualquier alternativa que no ayude a generar una forma de sentir diferente en cada una de las dos partes no será suficientemente buena para resolver bien una situación de conflicto. No puede haber perdedores cuando hay diversidad de opiniones, esto es fundamental.

La mejor de las alternativas es ayudar al hijo a crecer interiormente y, con él, a los padres; por tanto hay que facilitar la interiorización en todos los implicados, para poder tomar conciencia de lo que resultará más positivo para ambos.

Por regla general, los hijos no tienen la capacidad por sí mismos de ver más alternativas que la que quieren vivir.

En el caso del ejemplo, la atención del joven cada vez estaba más centrada en todo lo que se perdía por culpa de los estudios y el empeño de sus padres en controlar su tiempo y llenarlo de más estudio. Su mente pensaba prioritariamente en cómo arreglárselas para disfrutar de las cosas que hacían sus compañeros y, por tanto, su mente estaba limitada a una sola alternativa.

Por ello, la mejor opción de cambio siempre viene por parte de los padres: éstos son los que tienen la facultad de romper con los círculos viciosos que se establecen a causa de los conflictos. Para eso se requiere que los padres no actúen reactivamente con los hijos ni guiándose por patrones rígidos de educación. Es necesario desarrollar la empatía con los hijos y los recursos propios de una mente abierta para actuar con comprensión y acierto.

Tal como se ha considerado anteriormente, los movimientos de los hijos que sorprenden y disgustan a los padres les obligan a cambiar a posiciones más incómodas a causa de la interdependencia familiar, pero este fenómeno también se da a la inversa: cambiando los padres cambian los hijos. Cuando los padres se abren a un cambio voluntario, responsable y sabio por su parte, los hijos también cambian positivamente volviendo el sistema familiar a una nueva situación de armonía que viene a significar un mayor crecimiento para la familia.

En un caso similar al anterior, al cual se pudo llegar a tiempo, se acordó con los padres respetarle al hijo su tiempo de ocio y cambiar la "cantidad" del tiempo de estudio por la "calidad" del mismo, instruyéndolo con estrategias que mejoraban su rendimiento intelectual y su motivación personal generalizada. Actualmente, este joven continúa sus estudios secundarios sin ningún tipo de ayuda extraescolar.

2: ¿SABES CON QUIÉN ESTÁS TRATANDO?

PARTE 1.

¡Necesito que alguien me comprenda! Mis padres sólo están pendientes de lo que hago, pero no siento que se interesen por mí. Muchas veces, ni yo misma sé por qué hago lo que les disgusta, cómo voy a darles explicaciones. Sé que tengo que ordenar mi vida pero no sé cómo.

No veo las cosas como ellos, no tengo los mismos intereses ni puedo hacer lo que ellos dicen que harían en mi lugar. Es como si estuviéramos en dos mundos diferentes, el suyo parece estar muy ordenado y el mío muy revuelto.

Sacado del diario de una adolescente

Si Dios te ha regalado un hijo... tiembla... porque no sólo serás su padre y su amigo, sino también su ejemplo.

Anónimo

Vuestro hijo no es un adulto con la madurez de un adulto. Aunque tenga la altura de un adulto, los rasgos externos, la fuerza, la voz, las capacidades y muchos comportamientos propios de un adulto, no es un adulto en todo el contenido del término.

Vuestro hijo no es un niño con la inmadurez de un niño, con los intereses, la dependencia, la fragilidad y las reacciones propias de un niño, aunque a veces se comporte como tal.

Vuestro hijo no es un adulto ni tampoco un niño: es un adolescente, lo cual es una "especie" diferente a las otras dos. Podría considerársele como un "proyecto de adulto", pero como tal proyecto no está terminado, y por tanto no se puede esperar de él que responda como una obra concluida.

Los años difíciles

La adolescencia es la época en que los jóvenes definen su posición en la familia, en los grupos de compañeros y en la sociedad en general. Se ven en la necesidad de luchar con la transición de la niñez a la edad adulta. Hasta ahora dependían básicamente de sus padres, pero en la edad adulta se espera que sean independientes y que tomen decisiones que afectarán a todo su futuro.

Sin duda alguna, es una época difícil para muchos jóvenes. Tienen que enfrentarse a cambios físicos, a las presiones para seguir lo que está de moda en ese momento, a la presión del grupo de sus compañeros, que le marcan en muchos casos un comportamiento contrario a las normas familiares y sociales. Por otra parte, también tiene que dar respuesta a las expectativas crecientes de los familiares, profesores y otros adultos. Intentarán satisfacer la necesidad creciente de sentir que "pertenecen a algo", y enfrentarán mensajes conflictivos de sus padres, de sus compañeros, o de los medios de comunicación.

Para algunos jóvenes, los desafíos normales de la adolescencia se complican aún más porque se enfrentan con situaciones difíciles en sus familias, problemas en la escuela, vecindarios en mal estado, o exposición al alcohol o a otras drogas. En el caso de no tener apoyo y orientación, estos jóvenes pueden desarrollar comportamientos disfuncionales y hasta peligrosos para ellos y para otras personas.

Las comparaciones siempre son odiosas

Cuando pensamos en nuestra adolescencia, probablemente no tendremos un recuerdo realista de todo lo que significó para nosotros y para los que convivían con nosotros. A eso hay que añadirle que el contexto en el que vivimos nuestra adolescencia tiene poco que ver con el que están inmersos nuestros hijos. Ni familiar, ni socialmente se pueden comparar, porque han cambiado demasiadas cosas en una generación. Los límites que teníamos nosotros no son los mismos que quizás tengan ellos, la influencia social a la que se encuentran expuestos nuestros hijos hoy, tampoco es la misma de la que nosotros nos alimentábamos.

Aunque esencialmente los cambios personales sí son muy parecidos a los que experimentamos nosotros en su día, si tuviéramos que pasar nuestra adolescencia hoy, la relación con nuestros padres no sería la misma que fue, ni tampoco nuestra forma de pensar, sentir y actuar.

Por ejemplo, la temprana incorporación al mundo laboral de muchos padres que hoy tienen hijos adolescentes, desarrolla en ellos valores como la responsabilidad sobre su propia vida, el espíritu de superación y sacrificio, el aprecio por el valor de las cosas, la virtud del ahorro, y una fuerza interior para enfrentarse a la vida que dicen no ver en sus hijos.

Ciertamente hoy la vida es mucho más dulce para muchos jóvenes de lo que lo fue para sus padres. Como todo, tiene sus ventajas y desventajas, que en unos casos puede dar resultados positivos y en otros no.

Por tanto, hay que descartar las comparaciones y las alusiones a lo que fue nuestra adolescencia y nuestro ambiente familiar como punto de referencia, eso no ayuda. Al contrario, más bien puede crear desconfianza, incomprensión e irritación innecesaria.

Cada uno de nuestros hijos es único, y su contexto particular y su relación con nosotros también. Éste es el primer hecho que no podemos perder de vista para comenzar a actuar con acierto.

–Hasta hace unos meses las cosas marchaban más o menos bien —me decía la madre de una adolescente–, había algún brote de rebeldía, protestas o enfados, pero con algo de mano izquierda o sencillamente elevando un poco la voz y mostrando firmeza, las aguas acababan volviendo a su cauce. Pero la situación ha cambiado por completo. Antes mi marido y yo teníamos la sensación de poseer el control y ahora estamos desconcertados, no conocemos a nuestra hija.

Muchos adolescentes echan mano de una serie de recursos antes inimaginables, tales como los portazos y las voces para intimidar a los padres, o las expresiones llenas de dureza e ingratitud para conmover su corazón. Otros, en cambio, interiorizan sus tensiones y manifiestan conductas que también preocupan a los padres por su matiz disfuncional.

Todas esas conductas son respuestas típicas en una etapa de su vida que se ha escapado a su control.

La edad de los cambios

En todo este proceso no es nada extraño encontrar adolescentes que no aceptan su nuevo cuerpo y están llenos de complejos; además, les falta habilidad para manejarlo, les resulta pesado y parece que siempre están cansados.

Pero el primero que se sorprende con los cambios que aparecen a partir de los 12 años acostumbra a ser el propio adolescente, su cuerpo se transforma rápidamente sin que él pueda hacer nada para controlarlo. Aumenta el tamaño de los pechos en las chicas y de los testículos y el pene en los chicos. Las hormonas sexuales hacen que unos desarrollen músculos y otras curvas, los varones tendrán pelo en la cara y cambiarán su voz, todos observarán cómo crece el pelo en las axilas y alrededor de los órganos sexuales y, en muchos casos aparecerá el horrible acné. Más avanzada la pubertad, varón y hembra confirman este desarrollo con novedades tales como la eyaculación y la menstruación. Al final de la pubertad, ya ha desaparecido en una serie de aspectos el chico y la chica para dar paso a un hombre y a una mujer.

Paralelamente, el adolescente comienza a experimentar intensamente su individualidad y puede sentirse aislado y encerrado en sí mismo como una víctima de la vida. El mundo que se abre a sus ojos por primera vez le resulta desconocido de forma similar a como se siente consigo mismo; a menudo expresará que está solo, que no le comprenden y muchas veces que la vida no tiene sentido. Por ello será normal escucharles expresiones como estás:

-Mis padres no me entienden, siempre estamos discutiendo.

-Mis amigas me han decepcionado.

-Los estudios me agobian.

-Me da asco mirarme al espejo.

Su percepción de sí mismo y del mundo es cada vez más subjetivamente negativa, y su relación con el ambiente que le rodea, genera en él y en ella todo tipo de emociones que no puede controlar. Esto explica la mayor parte de sus imprevisibles estados de ánimo que alternan entre la euforia y el desánimo.

Uno de los objetivos principales de los adolescentes en nuestra cultura es emanciparse psicológicamente de sus padres. Deben superar la relación de dependencia que tuvieron hasta ahora y desarrollar progresivamente una relación adulta con sus padres y con la sociedad en la que viven; por tanto, es normal que este proceso esté caracterizado por la manifestación de rebeldía, desafío, insatisfacción, confusión, inquietud, emociones exaltadas, fluctuaciones de los estados de ánimo y ambivalencia.

Pero también es igual de cierto que los tiempos de crisis ofrecen una oportunidad única para que la relación entre padres e hijos evolucione, se enriquezca y consolide; no en la dependencia y en la imposición que lleva a hacer crónicos los conflictos, sino en la ayuda inteligente y afectuosa que crea relaciones en nuevos niveles de reconocimiento, amistad y amor.

Nuevas necesidades

Necesitan referentes externos, ya que los internos no los tienen aún desarrollados y se enfrentan a una crisis de identidad preguntándose quienes son, a dónde van o qué quieren hacer. Lo que les rodea no les vale.

Entonces aparece la exagerada devoción que siente hacia artistas, cantantes o deportistas que encarnan los modelos a los que desea parecerse, proyectando hacia fuera lo que debe conquistarse dentro.

El adolescente se encontrará en ocasiones haciendo o diciendo lo contrario de lo que piensa o siente por temor a ser rechazado por los demás. Necesitan la aprobación de fuera a causa de la inseguridad que les crea el despertar de su individualidad, así, seguirán la corriente de los más fuertes como los líderes de grupo aunque éstos no contribuyan al desarrollo de su vida interior.

Su necesidad de afecto, de compañía, de comprensión y de apoyo son muy importantes, por lo que no dudará en unirse a cualquier grupo con tal de no quedarse solo. Así pues, el grupo al que pertenezca le conducirá por encima de su individualidad conformando las características comunes que configuran la generación a la que pertenece. Los amigos serán sus compañeros de viaje, juntos compartirán sus experiencias y descubrimientos e influirán notablemente en su vida. Es el tiempo de las amistades profundas y de los enamoramientos apasionados. Entre todas ellas destacará el amigo o la amiga íntima. El peligro que corre el joven en este caso, es apoyarse excesivamente en los demás, anulando su personalidad y dejándose llevar por la ascendencia que les concede, olvidando que es dentro de sí donde ha de encontrar las directrices de su vida.

En el ámbito de sus necesidades espirituales y a la hora de responder ante la realidad que tienen delante, algunos se identifican con los valores que sus padres les han transmitido, pero otros lo harán con ideales que poco tienen que ver con lo que hasta entonces han conocido, dejando de pensar por sí mismos y entregándose a ideologías o gurús, a los cuales transfieren la responsabilidad que a ellos pertenece, a la vez que desarrollan un mundo de ilusiones rehuyendo sus verdaderas exigencias. Este comportamiento suele desembocar en una actitud fanática y dependiente que no les permite asumir su identidad, puesto que otro desde fuera dirigirá su vida.

Como contrapartida, hay una serie de jóvenes con ideales nobles que defienden intereses sociales, ayudan a necesitados, desarrollan valores y actividades espirituales. Numerosas ONG han surgido por la iniciativa de jóvenes que ofrecen su tiempo y energía para tratar de mejorar algo este mundo en el que vivimos.

La búsqueda de la propia identidad

En su proceso de autoafirmación y desarrollo individual, rechazará la autoridad separándose de la herencia educacional y cultural que ha recibido y en la que ha estado inmerso hasta entonces. A su vez, intentará crear su nueva identidad que se ajuste a su forma de pensar y sentir; ésta la tendrá que ir descubriendo a través de su experiencia personal.

Este proceso puede producir una serie de tensiones y distanciamientos entre el joven y el ámbito familiar. No hay que interpretarlo necesariamente como una ausencia de afecto, sino como una necesidad vital de probarse a sí mismo y poder comprobar hasta dónde es capaz de llegar, explorar sus posibilidades, y sobre todo, para saber quién es él realmente.

Sus opiniones posiblemente serán radicales e irrevocables (especialmente con los adultos) y con frecuencia dará la impresión de estar midiendo sus fuerzas con su entorno, pero sólo es su forma de posicionarse y afirmarse como persona.

Fundamentalmente se expresará a través de la crítica, cerrándose con frecuencia a lo que venga de fuera; así pues, seguramente se negará a lo establecido, a lo convencional, a lo que digan sus mayores y a todo aquello que perciba como un corsé que puede aprisionarle.

La rebeldía es otro de los rasgos típicos de esta etapa. Conforme va aumentando su consciencia respecto al mundo exterior, siente la presión que éste ejerce sobre él. Se siente condicionado a organizar su vida conforme a las estructuras y reglas establecidas. Percibe las grandes contradicciones que existen ya sea en lo cultural, en lo político o en lo económico, que estimulan aún más su predisposición a rebelarse ante la necesidad de formar parte de un sistema que le decepciona y le gustaría cambiar.

Un tipo de rebeldía nace del miedo a actuar, impulsando al adolescente a replegarse sobre sí mismo en una posición de protesta muda y pasiva contra todo.

Otra variante de este rasgo se expresa de forma violenta, es propia del débil, del que no es capaz de soportar las dificultades que se le presentan en el día a día, volcando su frustración contra los miembros de su familia en un intento de aliviar su problema.

La tercera alternativa es ir contra las normas de la sociedad, ya sea por puro egoísmo o por el simple placer de no seguirlas.

Todos estos comportamientos tienen un origen común en la inseguridad y la falta de madurez del adolescente. También es un instrumento que el adolescente utiliza en su relación con el adulto, uno de sus objetivos es probarle provocándolo para saber si la persona que tiene delante es lo suficientemente fuerte y estable como para poder ayudarle. Y deja claro que en este sentido es implacable: cuanto más débil se muestra la persona a quien reta, más se crece el joven contra ella.

El adolescente expresa constantemente en sus actitudes la necesidad de libertad, de tomar las riendas de su destino. Quiere tomar sus propias decisiones, salir y entrar sin que le limiten el tiempo, contar con un espacio de intimidad que nadie pueda violar, dinero para conseguir lo que le plazca, vestir a su gusto, escoger sus amistades y realizar las actividades que tienen sentido para él.

El adolescente comienza a tomar la responsabilidad de su vida en una serie de aspectos. No es de extrañar que pase por momentos de grandes dudas y crisis. Puede reaccionar enfrentándose con su propia vida, o inconscientemente rehusar su responsabilidad, intuyendo demasiado esfuerzo y sufrimiento; en este caso se quedará en la superficialidad de lo que le rodea.

Esta crisis puede agudizarse por el hecho de no saber hacia dónde quiere ir y a su vez, descubrir que lo que está haciendo no le motiva ni le satisface. Por esta razón, tantos jóvenes abandonan los estudios quedándose por debajo de sus posibilidades y, aunque los padres intentan convencerles y encauzarlos, su orientación interior llegará más tarde.

Por tanto, muchos pasarán por la situación de dejar un camino sin tener la menor idea de cuál es el que más les interesa; entonces, la sensación de vacío se hará mucho mayor, unida posiblemente al sentimiento de culpabilidad por haber fallado a los padres.

Otra cuestión muy importante está relacionada con el tipo de vida que han vivido. Muchos jóvenes desconocen el espíritu de lucha y sacrificio; en realidad son seres débiles, caprichosos y con poca fuerza de voluntad. Han recibido mucho y dado poco, por tanto, tendrán dificultades a la hora de valerse por sí mismos y enfrentar los retos que la vida les tiene reservados. ¿Cómo empezar desde abajo e ir escalando por méritos propios en cualquier profesión hasta conseguir un puesto digno? Puede ser que reaccionen en el momento de la verdad, pero evidentemente no están preparados para hacerlo.

Uno de los problemas con los adolescentes educados en la abundancia es que llegan a sentir que el mundo siempre está en deuda con ellos. No están acostumbrados a aceptar un no por respuesta; la consecuencia es que se convierten en tiranos de aquéllos que les han consentido todo y esperan que con los demás puedan hacer lo mismo.

Tal como vemos hoy en día, los jóvenes se ven sometidos a través de los medios de comunicación y de los propios ambientes en los que están inmersos, a modelos que les seducen a vivir determinados estilos de vida, predominando el hedonismo por encima de otros valores más enriquecedores y, por consiguiente, abocando a los jóvenes al consumo, al placer inmediato, a reacciones violentas o al desánimo cuando tienen que enfrentar la frustración. Tienen la necesidad de llenar el vacío interior y alcanzar el reconocimiento de los demás, por ello necesitan la ayuda de los padres, para encontrar su camino, puesto que el riesgo que corren es demasiado grande.

A pesar de los peligros que acechan a los jóvenes, siempre encontraremos en ellos las dos grandes alternativas: por una parte, la antipatía hacia el mundo que han descubierto y no les gusta o lo temen, retirándose de él, negándose a desarrollar la madurez, entregándose a una actitud destructiva, rencorosa, alocada y evasiva; o por lo contrario, mostrarán la simpatía hacia lo que les rodea y tienen delante, asumiendo la propia identidad y un sincero deseo de evolucionar para unirse al mundo y formar parte activa en él.

3: Observa lo que transmites

Parte 1.

Se había enamorado una gata de un hermoso joven, y rogó a la diosa Afrodita que la hiciera mujer. La diosa, compadecida de su deseo, la transformó en una bella doncella, y entonces el joven, prendado de ella, la invitó a su casa.

Estando ambos descansando en la alcoba nupcial, quiso saber Afrodita si al cambiar de ser a la gata había mudado también de carácter, por lo que soltó un ratón en el centro de la alcoba. Olvidándose la gata de su condición presente, se levantó del lecho y persiguió al ratón para comérselo. Entonces la diosa, indignada, la volvió a su original estado.

Esopo

> De la abundancia del corazón habla la boca.
>
> **Jesús**

El bagaje del inconsciente

Se da por supuesto que los padres aman a sus hijos y les mueven las mejores intenciones en todo lo que hacen, en todos sus sacrificios y esfuerzos para darles lo que necesitan para crecer y realizarse personal y socialmente; pero hay una cuestión en la que es necesario centrar la atención para que las buenas intenciones y los más abnegados sacrificios puedan tener un resultado satisfactorio. Se trata de tomar conciencia de lo que comunicamos a nuestros hijos. Aunque no nos lo parezca, siempre estamos en permanente comunicación con las personas con las que nos relacionamos; hasta el silencio es comunicación. No podemos evadirnos de comunicar, la no presencia también puede ser comunicación.

Cualquier situación que se da en una relación suele tener dos formas de mensaje: uno explícito y otro implícito, los cuales transmitimos y la otra persona recibe e interpreta.

Por ejemplo, cuando el padre está viendo el informativo en la televisión y su hijo está hablando por el móvil en el mismo salón, el padre le dice algo así como: "Vete a hablar a tu habitación". Lo explícito es la petición de cambiar a otra estancia, lo implícito puede ser: "vete de aquí que me estás molestando".

Durante los años en que los hijos se desarrollan física y mentalmente, reciben de los padres y otras figuras de referencia infinidad de mensajes positivos y negativos que van conformando su manera de ver el mundo en el que viven y de asimilar las pautas que le guiarán a interactuar con él.

Aun en los casos que los padres dan una imagen desagradable al tratar de corregir a sus hijos, en el fondo, su propósito ciertamente es noble; pero como todos sabemos, el objetivo en la educación no es justificar la acción de los padres, sino el de ayudar al hijo a crecer interiormente. Por tanto, es necesario que madres y padres desarrollen la capacidad de verse a sí mismos en perspectiva para poder corregir hoy, aquello que en potencia, mañana puede ser un problema.

Una manera efectiva de hacerlo es plantearnos una serie de preguntas sobre la marcha, antes y después de interactuar con ellos: ¿Qué mensaje deseo transmitir a mi hijo en este momento? ¿De qué manera puede interpretar la acción que estoy haciendo? ¿Cómo se siente al reaccionar de esta forma? ¿Qué modelo de aprendizaje le estoy dando? ¿Qué conducta estoy reforzando al actuar así con él?

Éstas y otras preguntas nos ayudarán a empatizar realmente con ellos, a tratar de ver las cosas con sus ojos, desde su posición y no siempre desde la nuestra, que muchas veces se encuentra distorsionada a causa de nuestras características personales.

También es cierto que a veces no es fácil tomar perspectiva de una situación en la que se está implicado emocionalmente, pero desarrollar esta capacidad marcará una importante diferencia en los resultados que obtendremos con nuestros hijos.

Los padres -como personas normales que han tenido infancias y evoluciones imperfectas en las que no han faltado represiones, frustraciones, temores, carencias afectivas o de valoración, así como diferentes tipos de abusos y atentados a su dignidad personal- han acumulado una importante cantidad de "material" emocional de signo negativo en el fondo de sus mentes, dispuesto a ser transferido de forma automática en el momento que sea activado.

Cuando uno de estos registros emocionales que se encuentran en un nivel inconsciente es activado, guía la manera de pensar, sentir y actuar por encima de la buena voluntad de la persona. En el caso particular de la relación entre padres e hijos, éstos, sin proponérselo expresamente, activan con mucha frecuencia el "campo de minas" instalado en los padres, los cuales a su vez proyectan sobre sus hijos una importante cantidad de desecho emocional.

Un adolescente llegó a casa una hora más tarde de lo previsto.
–No sabes la bronca que me dieron –me explicaba el joven–, estaban histéricos, los ojos se les salían de la cara, nunca había visto a mis padres de esta manera, me hicieron sentir como una basura. Ni siquiera se interesaron por mí, sólo me decían que lo habían pasado muy mal sin saber dónde yo estaba.

Los mecanismos de defensa

Hasta este punto, muchos padres no tienen gran dificultad en admitir la posibilidad de estar volcando sobre sus hijos aspectos no resueltos de su personalidad. Pero la cuestión es cómo liberarse de ese lastre para no hacer con sus hijos como hicieron con ellos.

De igual modo que ocurre con nuestro organismo, el cual tiende a la autorregulación, o lo que es lo mismo: la capacidad de resistir cualquier cambio extremo a través de una serie de mecanismos y sistemas biológicos, las personas también tenemos nuestros recursos psicológicos para realizar una función similar y proteger a la propia conciencia del sufrimiento. A veces por causas externas (como una situación embarazosa), o internas (como puede ser un recuerdo desagradable), se ponen en marcha de manera espontánea e inconsciente los llamados *mecanismos de defensa:* las estrategias que la persona desarrolla para protegerse frente a la ansiedad.

Así pues, toda persona desde su nacimiento tiene que enfrentarse a una serie de aspectos de la realidad que no reconoce o no quiere reconocer y que, por tanto, rechaza. Todo lo que la persona rechaza va acumulándose en el inconsciente y reaparece en las relaciones de la vida cotidiana, en forma de respuestas automáticas que la persona no controla.

Estos mecanismos de defensa se encuentran en la frontera entre el consciente y el inconsciente con el fin de salvar en lo posible nuestra autoimagen protegiéndola contra cualquier información que provenga del inconsciente y que sea identificada como un atentado. Así, los temores, odios, culpa, amargura y otros más, que nos dan a conocer que no somos tan valientes, ni tan honestos, ni brillantes, ni justos, ni desinteresados como nos gustaría vernos. Estos mensajes causan angustia, tensión, malestar, que intentamos evitar con la ayuda de los mecanismos de defensa que neutralizan su impacto.

El inconveniente de estos recursos psicológicos instintivos es el hacer crónicas las "zonas oscuras" que todos tenemos en nuestros inconsciente. Desde el momento en que evitamos sufrir la aceptación de uno de nuestros aspectos negativos, lo estamos reforzando.

> *Un día coincidí en el vestíbulo de un edificio con una mujer y su hija que iban a la octava planta. Les invité a subir al ascensor que acababa de llegar y la mujer me dijo que prefería subir andando ya que el ejercicio les vendría muy bien. Su hija se quejó, no estaba dispuesta a darle ese gusto a su madre, así que después de una pequeña disparidad de opiniones, la madre subió por la escalera y la joven por el ascensor conmigo. Como yo había esperado unos momentos a que se decidieran, la hija se sintió con la necesidad de darme una explicación: "Estoy harta de cargar con su problema, tiene miedo a los ascensores y no quiere reconocerlo; creo que así nunca lo podrá arreglar, pues yo la podría ayudar más subiendo en el ascensor con ella que haciéndolo por la escalera".*

El proceso de liberación de este lastre de emociones y concepciones negativas comienza necesariamente por tomar conciencia de nuestra dinámica mental: los diferentes comportamientos y recursos que utilizamos para mantener la estabilidad interior o la liberación de las tensiones, puesto que, en los dos casos, son mecanismos automáticos que se activan sin que la voluntad participe en su decisión.

Con el fin de conocer con más detalle estas respuestas psicológicas, seguidamente presento algunas de las que suelen ser más comunes en la relación entre padres e hijos; por el momento será suficiente darnos cuenta y admitirlas cada vez que aparezcan, comprendiendo que la causa que las motiva es más profunda, pero ya estamos dando el primer paso para su resolución.

La transferencia: Este tipo de conducta tiene lugar cuando relacionamos a una persona que pertenece a una situación del presente con otra del pasado, y reaccionamos con ella de acuerdo a las experiencias que tuvimos con aquélla.

Un padre se llevaba muy mal con uno de sus hijos, constantemente discutían por cosas sin importancia; él mismo reconocía que no le gustaba lo que ocurría pero que no podía evitarlo.
–Hay algo en él, en su forma de hablar y de mirarme que no me gusta, y me hace perder la calma –me confesaba el padre–.

Al analizar las connotaciones que su hijo tenía con otros miembros de la familia, descubrimos su gran similitud tanto física como de carácter con el hermano mayor de este hombre, el cual, mientras vivieron juntos en la casa de sus padres, le amargó la vida todo lo que pudo.

El mecanismo de la transferencia es muy frecuente y puede presentarse no necesariamente asociado a una persona, sino abierto a diferentes personas, situaciones, acciones o expresiones determinadas que nuestro inconsciente relaciona activando la alerta y las respuestas de defensa injustificadamente.

—Mi hija y yo nos llevamos muy bien —me explicaba una mu-
jer— pero hay algunos momentos que me hace perder el control. Al
preguntarle por ellos me expuso lo siguiente:
—Cuando yo era jovencita me gustaba vestir de manera que
los chicos se fijarán en mí. En una ocasión tuve una mala
experiencia, uno de ellos quiso abusar de mí, no terminó de
conseguirlo y se vengó diciendo a los demás que yo era una
prostituta. Cada vez que veo a mi hija con esa ropa ajustada
y seductora, me pongo enferma.

Esta mujer no había superado su experiencia traumática de la que se
sentía responsable y, cada vez que su hija aparecía vestida de una forma
determinada, en su inconsciente se reestimulaba la huella emocional no
resuelta, transfiriendo a su hija su miedo y su rabia.

El mensaje recibido podría ser del tipo: *"Tienes que cargar con mis*
problemas pero siempre lo hago por tu bien".

El desplazamiento. Muchas veces dirigimos hacia otra persona, que
no es el problema, nuestras emociones negativas para liberar la tensión
que hemos reprimido anteriormente.

Una mujer que trabajaba en una oficina abierta al público debía
aguantar muchas quejas de la gente que estaba descontenta de la
empresa. Ella siempre mostraba buena cara y una inagotable pa-
ciencia que era reconocida por sus superiores, pero cuando llegaba
a su casa, descargaba de forma incontrolada su malestar contra su
hija exigiéndole más de lo que sería razonable.
—No puedo consentirlo —me decía—, sé que le digo cosas de las que
luego me arrepiento, pero me supera su pasividad ante la acumu-
lación de tareas.

Las barreras psicológicas que contienen nuestras emociones en unas situaciones no lo están en otras, por esa razón usamos como "chivo expiatorio" a las personas de más confianza. Las barreras desaparecen porque subyace la idea de no sufrir las consecuencias de nuestra descarga, pero, a su vez, necesitamos justificar nuestra conducta atribuyéndole la causa a la otra parte.

El mensaje recibido podría ser del tipo: *"Cuando algo te frustre, lo propio es reaccionar violenta y descontroladamente contra la persona a la que haces responsable. ¡Ah, no te cortes!, mira cómo lo hago yo".*

La compensación. Cuando se está haciendo una acción o actividad extra no necesaria, muy posiblemente se esté cayendo en la trampa de compensar un sentimiento interior de carencia. Es la manera de neutralizar la inseguridad o malestar que se experimenta al tener que reconocerla o enfrentarse a ella.

Éste puede ser el caso de un padre ausente que se pasaba el día trabajando para que, según decía, a su familia no le faltase de nada. En realidad no se estaba dando cuenta que les faltaba lo más importante: su atención personal.

Él se quejaba de que con todo lo que hacía por ellos, nunca estaban contentos y decía experimentar la amargura de la ingratitud. La cuestión era que él afectivamente no se manejaba bien en las distancias cortas, y lo compensaba comprando toda suerte de caprichos para su familia.

En este tipo de relación hay mensajes contradictorios. Por una parte, el mensaje que se intenta transmitir podría ser: "Cuanto más haga por vosotros, más me aceptaréis y me valoraréis", sin caer en la cuenta de que los demás interpretan otra cosa muy diferente: "Poco significamos para ti, puesto que nunca tienes tiempo para nosotros, y encima, nos quieres conformar con un regalo". De esta manera, las carencias afectivas del padre se transmiten a los hijos.

Otra forma de compensación es el servilismo; éste se confunde con el amor, pero en el fondo no lo es, porque no busca el bien del hijo sino su aprobación. Cuando unos padres caen en el servilismo están actuando para sentirse bien ellos y no tanto para el bien de su hijo. A ellos les costará admitirlo, pues explicarán todos los sacrificios que hacen, pero en realidad es el precio que pagan por sus carencias afectivas.

-No puedo soportar que mi hija deje de hablarme y me ignore, –decía una madre-.

Prefería ser su criada que enfrentar el enfado de su hija; mientras su hija le mostrara afecto y buena actitud, aquella madre sería capaz de cualquier cosa.

Cuando una persona necesita algo que no puede hacer por sí misma y otra se ofrece a hacerlo por ella, eso es un acto de amor. Si alguien tiene una responsabilidad y no la cumple por otros intereses, el que tome su lugar está realizando un acto de servilismo.

Muchos padres no pueden soportar que sus hijos tengan que asumir las consecuencias propias de sus conductas y toman su lugar haciendo lo que ellos deberían hacer.

Al actuar de esta forma, los padres están potenciando la tiranía del hijo sobre ellos y, cuando quieran volver a poner la jerarquía familiar en orden, será muy difícil que ese hijo se predisponga a ocupar su lugar y asumir sus responsabilidades.

El mensaje recibido podría ser del tipo: *"Yo te usaré a ti para llenar mi vacío y a cambio tú podrás usarme cuanto quieras".*

La racionalización. Las personas se dan a sí mismas explicaciones que no son del todo verdaderas, pero que les sirven para convencerse de algo y evitar aquello que les crea ansiedad. De esta manera, tanto al propio comportamiento como al que soportan de otros le dan un sentido tolerable y racional, eso les ayuda a aceptarse mejor a sí mismas y a sentir que tienen el control de todo lo que les pasa.

–Mi madre siempre tiene justificación para todo lo que hace –me decía una joven–. Si grita, es que yo le pongo nerviosa; si no le gusta lo que quiero comprarme, me dice que va muy mal de dinero; si la comida le sale mal, es que ella tiene que ocuparse de todo. Nunca le he escuchado reconocer que se ha equivocado, o que le da miedo que comience a tomar mis decisiones, o que no sabe controlarse. Por eso no puedo confiar en ella, porque nunca me dice realmente la verdad.

Éste es el mensaje que recibía aquella joven: "Si no eres capaz de aceptarte a ti misma, ¿cómo podrás aceptarme a mí?".

Otras formas de racionalización se relacionan con una tolerancia excesiva por parte de los padres respecto a las conductas de sus hijos, justificando sus comportamientos para no admitir sus carencias como educadores.

• Temen las reacciones de los hijos:
- Se pone como un loco gritando y dando portazos, –decía una madre– pero ya sé que está pasando por una edad difícil.
• Les faltan recursos para manejar la situación:
- En casa tratamos las cosas hablando como gente adulta –decía el padre–. Mientras que la madre aclaraba:
- Nuestro hijo siempre termina haciendo lo que quiere porque le sobran argumentos para todo.
• Tienen poca paciencia para realizar el proceso de aprendizaje.
- Prefiero hacerlo yo en un momento –confesaba una madre–. Él aún es joven, está estudiando y no quiero cargarlo con más cosas.

Y así, podríamos seguir con otras expresiones típicas sobre las conductas incorrectas de los hijos, que los padres deben soportar permitiendo sus estrategias y racionalizándolas para no sentirse mal con su propia realidad.

El mensaje recibido podría ser del tipo: *"Puedes seguir con tus caprichos, intimidaciones, desobediencias o falta de responsabilidad; te concedemos el derecho a actuar así; nosotros estamos para servirte, tú eres el rey de esta casa..."*

La negación. Todo aquello que resulta ofensivo aceptar es preferible negarlo, de esta manera se intenta eliminar la ansiedad de reconocer nuestras debilidades ante los demás con el riesgo de potenciarlas mucho más.

Unos padres me comentaban con mucho orgullo el hecho de haber presentado una reclamación formal contra el profesor de su hijo a la dirección del instituto donde éste estudiaba. La cuestión fue que en una salida colectiva de la clase para visitar unos monumentos, su hijo y otro compañero se metieron en un supermercado y sustrajeron algunas cosas. Cuando el profesor tuvo conocimiento del hecho les sancionó. Los padres estaban indignados contra el profesor y argumentaban que lo que había hecho su hijo era algo muy normal entre los de su edad. Exigían que el profesor retirase la sanción y pidiera disculpas a su hijo.

Al escucharles me costaba creer que estuvieran tan ciegos como para salir en defensa de su hijo por un robo en toda regla, admitiéndolo, justificándolo y cargando contra el profesor como alguien que había cometido un abuso de autoridad.

Les hablé sobre el tipo de moral que estaban construyendo en su hijo y, aún así, insistían en que era una cosas de chiquillos y no había que darle más importancia. Pero cuando les indiqué que se pusieran en el lugar del dueño del supermercado el cual tenía que soportar diariamente "las cosas de chiquillos" comenzaron a tomar conciencia del asunto.

Generalmente, cuando unos padres niegan un problema real o en gestación, saliendo en defensa de su hijo de forma ciega e irracional, están permitiendo que su amor propio les juegue una mala pasada a ellos y a sus hijos.

El mensaje recibido podría ser del tipo: *"Puedes hacer lo que te venga en gana, nosotros siempre saldremos en tu defensa. No es necesario que respetes a las personas, ni sus bienes, ni a las figuras de autoridad. Para ti no hay límites"*.

La proyección. Aquellas características propias que nos parecen inaceptables como la irresponsabilidad, la deshonestidad, el miedo, el orgullo, el egoísmo, la envidia, y muchas otras que se encuentran en lo profundo de nuestro ser, tendemos a rechazarlas inconscientemente atribuyéndolas o proyectándolas sobre las personas que nos rodean.

−En casa, mis padres siempre están criticando a todo el mundo −se quejaba un joven en una reunión de grupo−. A mí me molesta mucho que lo hagan porque hablan de personas que también me importan. Me da mucha rabia escucharlos y prefiero quitarme del medio antes que aguantarlos.

La proyección es una conducta muy generalizada. Existe una predisposición a hablar de los aspectos negativos que nos parece ver en los demás, pero se da el fenómeno siguiente: cuanto más nos molesta un rasgo personal o un comportamiento de otra persona, más se encuentra presente en nosotros.

Una mujer a la que estaba ayudando a causa de sus propios problemas personales, se quejaba a menudo de cuánto llegaba a disputar con uno de sus hijos que ya era universitario:
−Desde que comenzó a ir a la escuela he peleado con él cada mañana para que se levantase con el tiempo suficiente para llegar a la hora. Créame que este problema de mi hijo me supera y consigue ponerme histérica.
Pasando los días, observé que ella siempre llegaba tarde a la cita que teníamos. Le pregunté si tenía alguna circunstancia que le

impidiera ser puntual y la respuesta que me dio no pudo ser más
clarificadora:
–Nunca en mi vida he sido puntual y me da mucha rabia, pero
no puedo evitarlo.

Esta mujer proyectaba sobre su hijo toda su frustración e impotencia viéndose a sí misma en lo que le condenaba y, por supuesto, ésta no era la mejor manera de ayudar al joven a resolver su problema; más bien lo estaba reforzando.

Muchas generaciones de fumadores han sido hijos de padres que fumaban, los cuales prohibían a sus hijos que lo hicieran por motivos de salud y los castigaban severamente si los sorprendían haciéndolo. La proyección siempre es un ejemplo de incoherencia, y en la incoherencia nunca hay autoridad moral, sino que se estimula el comportamiento que se condena.

El mensaje podría ser del tipo: *"Haz lo que yo te digo pero no lo que yo*
hago (acabarás haciendo lo mismo que yo)".

Otra forma de proyección se da cuando se confunde la responsabilidad de cuidar con el proteccionismo. Muchos padres y madres ven a sus hijos débiles o incapaces de enfrentar la vida y toman actitudes de este tipo. En ocasiones hay alguna causa que justifica que los padres dediquen al hijo una especial atención, por ejemplo una dolencia o disfunción importante en sus primeros años de vida. Pero otras veces, la causa no es más que la proyección de la inseguridad de los padres sobre los hijos.

En una ocasión una madre me trajo a su hijo adolescente con di-
ficultades para expresarse con normalidad (tartamudeaba desde la
muerte de su padre). Cada vez que le hacía una pregunta al joven,
la madre se adelantaba y respondía por él. Al preguntarle a la ma-
dre por qué actuaba de esta forma, me contestó que no podía ver a
su hijo sufrir tratando de articular las palabras. Y para no sufrir
ella, estaba hundiendo aún más a su hijo en el problema.

Aparentemente intentaba ayudar a su hijo, pero más en el fondo se ayudaba a sí misma. La realidad era que procediendo de esta manera, estaba produciendo el efecto contrario del que pretendía conseguir. El hijo tenía un problema y la madre otro, los dos juntos reforzaban sus problemas.

Esta disposición maternal tan "generosa" acostumbra a ser muy poco conveniente por dos cuestiones: interrumpe un proceso natural en el hijo que éste necesita para crecer interiormente, pues hay dificultades que debe enfrentar por sí mismo para aprender a pensar y asumir el compromiso personal de superar la situación. La segunda está relacionada con el refuerzo de ciertas dependencias o expectativas equivocadas sobre la realidad de la vida y la función de los padres con respecto a él. Los jóvenes necesitan tomar su independencia y convertirse en autónomos; sus padres no van a estar siempre a su lado cubriéndoles sus necesidades y carencias. En caso de ser así, nunca podrían vivir su propia vida.

En ocasiones el proteccionismo puede llegar a niveles insospechados. Dando una charla a un grupo de madres, una de ellas comentó en el tiempo de coloquio que si a su niño no le mondaba la manzana él no se la comía. Por la apariencia de la mujer sentí la necesidad de que me aclarara la edad de su hijo. Todos nos quedamos estupefactos cuando nos dijo que tenía 22 años. De esta manera la madre se cargaba con una cuestión que no era suya e impedía a su hijo tomar la responsabilidad sobre su vida.

El mensaje recibido podría ser del tipo: *"Yo viviré tu vida por ti y no te dejaré vivir la tuya"*.

Cargar a los hijos con los problemas de la pareja

Extendiendo un poco más esta pequeña síntesis de comportamientos disfuncionales, haré referencia a alguna otra situación que puede darse habitualmente.

Una de ellas se presenta cuando los padres tienen diferente opinión sobre un conflicto creado con su hijo y discuten en su presencia. La diversidad de opiniones entre los padres sobre algún aspecto de la educación o sobre la manera de manejar una situación determinada siempre es una cuestión de los padres, en la cual al hijo no se le debe hacer entrar para nada, ni siquiera como oyente.

-Mi padre es el único que me comprende, es mucho más abierto que mi madre –decía una joven refiriéndose a las discusiones que ella provocaba en sus padres cada vez que quería una nueva licencia-.

El hijo descubrirá cosas de los padres que muy posiblemente le sean útiles para manipularlos, pero no para un desarrollo positivo de su personalidad.

Además, en una situación de este tipo recibirá mensajes contradictorios cargados posiblemente de emociones negativas que pueden provocarle confusión en cuanto a los puntos de referencia que los padres han tratado de establecer previamente.

Esta misma joven confesaba que, en realidad, quien ponía las normas en casa era su madre, y su padre trataba de suavizarlas. Por tanto, su idea sobre las normas no era constructiva, sino, más bien las consideraba como imposiciones arbitrarias, las cuales hay que tratar de sortear.

El mensaje podría ser del tipo: *"Aprovéchate de esta situación, hijo, y sácale el máximo partido, no sea que nos pongamos de acuerdo y se te acabe el chollo; mientras, nosotros nos dedicaremos a discutir y a culparnos mutuamente de tu comportamiento"*.

Muchas veces puede observarse cómo los hijos cargan con los problemas de sus padres. Por supuesto que este hecho genera problemas en los hijos que no tenían. A su vez, padres e hijos se enredan en una dinámica absurda de conflicto. En este punto, a los padres les es muy difícil discriminar entre sus problemas y los de sus hijos, quedando por tanto atrapados en una situación cerrada.

Una mujer tuvo una mala experiencia con su marido y disolvieron el matrimonio. Su hija de 8 años alternaba los fines de semana con su padre. Al volver con la madre, ésta le preguntaba por lo que había hecho. A medida que la niña se lo iba explicando, la madre cambiaba su estado de ánimo y se ponía muy nerviosa arremetiendo contra ella y su padre. La niña fue optando por no explicarle las cosas que hacía, o simplemente mentirle. Eso provocó situaciones de mayor conflicto entre la madre y su hija creando un distanciamiento inútil entre las dos.

Cuando esta mujer vino a verme me presentó el caso como un problema que tenía su hija desde que los padres se habían separado. Aunque éste era el ámbito del problema, no era su verdadera causa, sino que el resentimiento que la madre tenía contra su ex - marido lo estaba proyectando contra su hija, involucrándola en sus problemas y generando otros nuevos a la niña, los cuales repercutían en la relación con ella.

Tal como se ha visto a lo largo de este capítulo, junto con todas las cosas positivas que legamos a nuestros hijos, hay un caudal importante de aspectos negativos que también les hacemos llegar y les afectan.

Por esta razón, antes de centrar la atención y los esfuerzos en nuestro hijo, responsabilizándolo de sus conductas incorrectas para corregirlo, es necesario tomar perspectiva y echar una mirada honesta sobre nuestra manera de actuar. La mayoría de las veces los hijos son un reflejo de los padres, de su incoherencia e inconsistencia en el día a día.

En la medida que seamos más consciente de las respuestas y conductas automáticas que se hacen presentes en nosotros, estaremos más preparados para cambiarlas.

Cuanto más libres estemos de esas zonas oscuras que contaminan nuestras buenas intenciones y comportamiento, mejor aportación de nuestros valores y aptitudes estaremos haciendo llegar a nuestros hijos para ayudarles a construir una personalidad positiva.

4: Cambia tú y cambiará tu hijo

Parte 1.

Cuentan que un viejo maestro sufí decía a sus discípulos: "Cuando yo era joven, era revolucionario, y mi oración consistía en decirle a Dios: "Dame fuerzas para cambiar el mundo". Pero más tarde, a medida que me fui haciendo adulto, me di cuenta de que no había cambiado ni una sola alma. Entonces mi oración empezó a ser: " Señor, dame la gracia de transformar a los que estén en contacto conmigo, aunque sólo sea a mi familia." Ahora, que soy viejo, empiezo a entender lo estúpido que he sido, y mi única oración es ésta: "Señor, dame la gracia de cambiarme a mí mismo". Y pienso que si yo hubiera orado así desde el principio, no habría malgastado mi vida.

> Saca primero la viga de tu propio ojo,
> y entonces verás con claridad para sacar la astilla del ojo de tu hermano.
>
> **Jesús**

La sensación de bienestar o malestar que puede generarse en cualquier relación normal corresponde a las partes que la componen. En una relación entre dos personas, necesariamente una influye en la otra. Dependiendo de lo que haga una parte y de cómo responda a la otra, estará debilitando o reforzando la conducta de la segunda, y lo mismo sucederá al contrario.

En el sistema familiar la cuestión es más compleja porque intervienen más elementos con diferentes intereses y grados de ascendencia interrelacionados entre sí. Así pues, cuando un sistema se encuentra en un cierto equilibrio, si uno de sus elementos experimenta un cambio, afectará a todos los demás. Eso ocurre frecuentemente entre padres e hijos al estar éstos últimos en constante evolución.

La corresponsabilidad en los conflictos

Tal como se ha visto anteriormente, buena parte de nuestra relación con los demás puede considerarse reactiva: guiada e impulsada por las asociaciones que hace nuestro inconsciente con los registros de memoria que son activados en una situación determinada.

Esas huellas de memoria que integran emociones negativas reprimidas, no son otra cosa que muchas situaciones de frustración de las necesidades anímicas esenciales.

De la misma forma que todo ser humano tiene necesidades fisiológicas que han de ser satisfechas para el buen funcionamiento del organismo, también existen necesidades a nivel anímico. Cuando éstas no reciben satisfacción, frustrando la expectativa natural que la persona tenía puesta en alguien o en algo, genera emociones negativas que suelen quedar enquistadas en nuestro inconsciente.

De ahí vienen las malas conductas y los conflictos entre las personas, no importa que sean niños o adultos; en el fondo de cada malestar, conflicto o mala conducta, siempre hay una necesidad esencial del alma que no ha sido satisfecha.

Por tanto, estas dos cuestiones: la interdependencia en las relaciones familiares y las carencias personales inconscientes, son básicamente las responsables del buen o mal funcionamiento en la convivencia familiar. Por la misma razón, cuando se presenta una situación de conflicto entre padres e hijos, si cambian los padres también lo harán los hijos.

En este momento, muchos padres saldrán al paso para reclamar que la autoridad les pertenece y quien tiene que cambiar no son ellos sino sus hijos. Posiblemente sea así: en una situación determinada los hijos tienen un comportamiento incorrecto y deben rectificarlo.

Pero vamos a considerar tres alternativas más:

- No siempre que los hijos hacen cosas que a los padres no les gusta se puede considerar que son incorrectas. Viene un momento en que la joven adolescente decide cambiar su imagen y cortarse el cabello que tanto gustaba a sus padres.
- En el caso de que hagan cosas incorrectas, puede que la causa se encuentre más en la parte de los padres que en la de ellos. Un hijo no tendría necesidad de mentir a sus padres si no tuviera temor a las

consecuencias; cuando lo hace, es necesario revisar el nivel de confianza en la relación.

- Cuando los padres intentan ayudar a los hijos a cambiar una conducta incorrecta y éstos se resisten agravando el conflicto, muy probablemente la forma de actuar de los padres no es la más adecuada. A menudo los padres castigan a sus hijos sin salir con sus amigos por haber llegado tarde a casa. Si después de haberlos castigado varias veces el problema no se resuelve, es evidente que la acción correctiva no está surtiendo efecto.

Se tratarán estos tres temas en diferentes capítulos, pero en éste vamos a centrarnos en la segunda de las cuestiones: los padres y madres, sin intención y de manera inconsciente, habitual y espontánea, generan y potencian muchos de los "guiones" que luego los hijos siguen, causando conflictos.

Un día observaba en una discusión cómo una madre le exigía a su hija que no le gritara y lo hacía gritando más que su propia hija.

En otra familia donde la madre se quejaba de lo difícil que le resultaba que su dos hijos acudieran a la mesa para comer cuando ella lo requería, se comprobó que, al responder el padre a la llamada de la madre, los hijos dejaron de presentar resistencia en acudir.

El sentido común nos dice que conociéndonos mejor a nosotros mismos estaremos más capacitados para comprender a nuestros hijos. De la misma forma, sanando nuestras emociones podremos ayudarlos a conseguir su realización personal dando mejor satisfacción a su ser esencial.

Las necesidades anímicas básicas

Las necesidades anímicas esenciales son pocas. En su aspecto más profundo y pleno sólo las podemos satisfacer al entrar en la dimensión espiritual y conectar con Dios que es la Fuente Universal de todas ellas.

Pero las primeras satisfacciones a esas necesidades que experimenta en su primera infancia la persona, las recibe a través de la madre y el padre y de aquellas figuras que le son significativas. Este hecho marca positiva o negativamente a la persona, y a partir de aquí, desarrollará sus mecanismos para protegerse y no sufrir en cualquier situación que se le presente, reestimulando sus carencias.

Así pues, todas las personas necesitamos:

- Amor para no sentir la soledad, la tristeza o el dolor del menosprecio.
- Dignidad para experimentar que valemos por lo que somos y no tanto por lo que hacemos o tenemos, evitando así caer en dependencias siempre negativas.
- Paz interior, que se experimenta como la sensación de calma, tranquilidad, serenidad y seguridad en cualquier situación en que nos hallemos.
- Alegría de vivir que nace de un estado de equilibrio y armonía interior experimentándose como una sensación de plenitud que fluye desde dentro hacia fuera.
- Realización personal que resulta del sentimiento de sentirse útil para algo o para alguien y que nos proporciona una profunda satisfacción.

La actitud para el cambio

Ante cualquier cosa importante que deseamos emprender en nuestra vida, un requisito imprescindible al que hemos de prestar atención es la actitud que desarrollamos hacia ella. Sin una actitud positiva pronto viene el desánimo, la descalificación o cualquier otro tipo de escape para no continuar con el trabajo comenzado.

Para asegurar una buena actitud vamos a considerar algunos requisitos básicos:

- *El profundo deseo de dar lo mejor de nosotros a nuestros hijos.* Esto siempre será consecuencia del amor que sentimos por ellos. No nos sentiríamos bien dándoles menos de lo que está a nuestro alcance y ellos necesitan.

- *Un poco de humildad para aceptar que nosotros no somos mejores que ellos,* en realidad nos mueven esencialmente las mismas motivaciones. Tampoco somos los padres que podríamos ser. En la medida que mejoremos como personas, con seguridad lo haremos también como padres y madres.

- *Honestidad para no atribuir exclusivamente a nuestros hijos las causas de los conflictos que se presentan.* En la mayoría de casos en que hay un conflicto entre dos personas, no existe la responsabilidad total en una sola parte. Cualquier persona que tome perspectiva puede verlo con facilidad y, mucho más, cuando una de las partes ha dependido de la otra durante años.

- *Sensibilidad para ponerse en el lugar de nuestros hijos y ser conscientes de lo que nos gustaría recibir de nuestros padres.* No tiene que ver necesariamente con lo que nosotros recibimos cuando éramos niños, sino con lo que nos gustaría recibir y de la manera que quisiéramos ser tratados después de la experiencia que ahora tenemos de la vida si estuviéramos en su lugar.

- *Comprensión para alcanzar a tener una idea de lo que podemos llegar a condicionar e influir negativamente a nuestros hijos en su desarrollo personal y social.* No cabe duda de la gran cantidad de cosas positivas que a lo largo del tiempo les aportamos como padres; pero junto con éstas, también se entremezclan las negativas y difícilmente pueden protegerse de recibirlas. De igual forma que un padre que fume en casa convierte a su hijo en un fumador pasivo, si no en algo peor, también ocurre lo mismo en las relaciones familiares.

- *Motivación para la superación personal.* Nunca terminamos de completar nuestro desarrollo interior, siempre hay un nivel superior que se ofrece ante nosotros para enriquecer nuestra vida y la de los que conviven con nosotros.

Dos obstáculos para el progreso

Unido a lo anterior, también es necesario tener presente el no seguir las estrategias que nuestra mente genera para aliviar nuestro malestar interno. Entre ellas se encuentran los mecanismos de defensa que se expusieron en el capítulo anterior y dos cuestiones más que es necesario puntualizar:

- Hay que poner especial atención en no caer en la *trampa de la atribución externa*. A través de este mecanismo siempre responsabilizamos a los demás de nuestra pérdida de autocontrol y cambios de estado de ánimo. Siempre que en nuestro interior se generan emociones negativas, los únicos responsables de ellas somos nosotros. Nadie puede generar una emoción por nosotros. Nadie puede hacernos daño si no le damos el poder para que nos lo haga.
Ante una situación determinada, dos personas reaccionarán de forma diferente dependiendo de lo que signifique para cada una de ellas; Las emociones serán consecuencia del significado que le atribuimos a esa situación. Por tanto, donde hay que buscar la causa de nuestro malestar no es fuera, sino dentro de nosotros. Es la única manera de progresar.
- Pensar que con el propio esfuerzo conseguiremos cambiar los aspectos negativos de nuestro carácter puede ser un autoengaño, pues nos predispone a luchar contra nosotros mismos, y siempre que una persona está dividida interiormente pierde su integridad.
Desde siempre se ha dado la idea de que tenemos un enemigo interior contra el que hay que luchar y vencer para poder tomar el control de nuestra vida. En realidad no hay tal enemigo, sino una parte de nuestro inconsciente que tiene ciertas huellas de memoria negativas que guían e impulsan a la persona a determinados comportamientos que no son correctos. Lo que realmente motiva a la persona cuando actúa reactivamente no es otra cosa que satisfacer alguna de las necesidades esenciales

que en su día quedaron frustradas, y esa huella de memoria es ahora reestimulada.

Es similar a cuando una persona le da un empujón a otra después de que ésta última le ha pisado el pie. Aunque el empujón puede considerarse una conducta incorrecta, lo que ha sucedido es que el que ha recibido el pisotón ha seguido un impulso de autoprotección.

Por otra parte, la experiencia demuestra que cuanto más luchamos en contra de uno de nuestros hábitos o comportamientos disfuncionales, más debilitamos nuestra unidad interior al potenciar la división. Nuestra unidad interior ha sufrido muchas fracturas a lo largo de nuestra vida, que hemos de ir sanando para recuperarla. Ésta es la idea fundamental de la que hemos de partir.

Encontrando las minas

A partir de este momento, necesitamos ser conscientes de qué necesitamos cambiar.

En general, las personas vivimos en la inercia de lo habitual, de lo que siempre hemos hecho, y por ello nos parece lo correcto y lo normal. No prestamos atención ni nos cuestionamos muchas cosas de las que hacemos. Durante el día realizamos infinidad de conductas, generamos pensamientos y sentimientos de los que no somos plenamente conscientes y por lo tanto, son susceptibles de no ser los más adecuados ni para nosotros, ni para los demás. Así pues, es fundamental para el cambio salir de la inercia y tomar conciencia de lo que hacemos.

Por el solo hecho de aprender a observarnos, sin ni siquiera intervenir, muchas de nuestras conductas automáticas, tics y pensamientos "parásitos" desaparecen. Se trata de ser conscientes de las sensaciones físicas que experimentamos, de los pensamientos y sentimientos que surgen en nuestro interior.

A continuación doy algunas sugerencias que pueden ayudarnos:

- *Uno de los signos más claros que nos revelan dónde o en qué hay que trabajar son nuestras emociones.* Debemos aprender a reconocer las emociones negativas cuando aparezcan. A veces las exteriorizamos y todos las sufren, pero otras veces nos indisponen interiormente e intentamos reprimirlas o superarlas dejándolas a un lado.
  Dedicar unos minutos al día a pensar en aquellas situaciones que no hemos vivido de forma natural y fluida, en las cuales nos ha asaltado la tensión o la torpeza, podrá ayudarnos a ser mucho más conscientes de lo que nos ocurre en un momento dado.
- *Nuestras relaciones son como un espejo, lo que experimentemos en ellas también pondrá de manifiesto las áreas de trabajo.* La influencia que otros tienen sobre nuestra forma de pensar, sentir y hacer; la necesidad que tenemos de agradar y sentirnos aceptados por los demás; la inseguridad que podemos experimentar en presencia de determinadas personas dejando de ser naturales; la desconfianza que pueden inspirarnos; el malestar que nos produce la falta de control sobre otros; la necesidad de ser protagonistas o de llevar siempre la razón.
- *La imagen que tengamos de nosotros mismos es otro de los factores clave.* Valorarnos por lo que hacemos y no por lo que somos; caer en la crítica o en la autocrítica; sentir excesiva admiración o rechazo por otros; ridiculizar o humillar a los demás.
- *Los malos hábitos o adicciones siempre mostrarán nuestras carencias.* Los excesos o descontrol en la comida, la bebida, el dinero, el sexo, cualquier tipo de droga, hábitos compulsivos como morderse las uñas o manías sobre la limpieza.
- *Otra forma eficaz de tomar conciencia es hacernos preguntas:* ¿Qué cosas de mí me gustaría que los demás reconocieran o nunca supieran? ¿Qué temas de discusión procuro evitar? ¿En qué situaciones observo que me pongo más nervioso, inseguro, sufro vergüenza o

pierdo el control? ¿Qué suele ofuscarme u obsesionarme sin poder evitar el dejar de pensar en ello? ¿Con quién me resulta difícil expresar mis sentimientos? ¿Qué cosas no acepto de mí mismo? ¿Qué cosas me incomodan cuando las veo? ¿Qué tipo de prohibiciones suelo hacer?

¡Manos a la obra!

A partir de aquí, voy a exponer una técnica de regeneración interior muy efectiva.

La mejor forma de trabajar con nuestro inconsciente es en un estado de recogimiento y de relajación para que nuestra mente se encuentre lo más receptiva posible. Es necesario buscar un momento y un espacio en el que puedas estar tranquilo, cómodo y en intimidad contigo mismo sin que nadie te moleste.

Relájate: cierra los ojos y respira lentamente tomando conciencia de las sensaciones que experimentas en tu cuerpo hasta que consigas un buen nivel de consciencia.

Puedes escoger para trabajar el último incidente que tuviste con tu hijo u otro miembro de la familia, cualquier situación que te disgustara, un rasgo de tu personalidad que no apruebas, o una experiencia del pasado que te hace sentir mal.

Una vez has encontrado algo que te hace sentir mal, lo propio es valorarlo como una aportación positiva de tu mente. Simplemente es un lugar de tu inconsciente en el que hay emociones negativas enquistadas y ha sido activado de nuevo. No hay ningún duende que quiere tu mal aunque esa respuesta pueda crearte problemas o disgustarte.

Es como conocer el lugar exacto donde han colocado una mina explosiva; ahora sólo hay que desactivarla, es tu oportunidad de sanar esta herida. No temas sufrir, el beneficio que obtendrás no tiene comparación.

Ahora ya dispones de una información con la que puedes trabajar, por tanto, no rechaces lo que te venga, ni lo justifiques, ni lo razones;sencillamente recíbelo como algo positivo para ti.

Conecta con el incidente o la situación de una forma más profunda. Se trata de revivirla en tu interior, para ello, vuelve en tu mente al escenario del suceso, observa las personas que participaron, lo que hicieron y dijeron, los sentimientos y sensaciones que experimentaste y de la manera que actuaste.

Trata ahora de identificar las emociones y calificar las sensaciones que experimentas, las emociones tienen un nombre y las sensaciones una analogía. Por ejemplo: puedes sentir miedo y a su vez un pellizco en el estómago.

Seguidamente hay que dialogar con tu mente respecto a esa reacción que has tenido. Ya sabes que su deseo más profundo siempre es positivo para ti, sólo que la huella emocional ha sido reactivada y la mente no puede entregar otra cosa que lo que tiene. Por regla general, la reactividad acostumbra a provocar lo contrario de lo que en el fondo se desea. Esta es la gran paradoja.

Hay que preguntar a la propia mente y escuchar hasta conocer qué necesidad anímica fue la que quedó frustrada en su día.

Luego hay que conectar con la Fuente Universal para llenarla hasta experimentar su plenitud.

Entonces ya se puede volver a la situación que creó el conflicto para comprobar el cambio que se ha producido. Será una nueva situación porque nosotros hemos experimentado un cambio profundo y, como consecuencia, la relación con la otra persona también.

Como ejemplo para ilustrar la técnica que se ha expuesto, presentaré una de las demostraciones que tuvimos en uno de los seminarios sobre el cambio interior. Una de las asistentes se ofreció para experimentar por sí misma su eficacia; cuando le pregunté por algún aspecto que deseara mejorar dentro de la familia me dijo lo siguiente:

*-Por más que lo intento, no soy capaz de tener una relación pa-
cífica con mi hija de 16 años; por cualquier cosa acabamos discutiendo y enfadadas. Quisiera poder hablar con ella como dos
amigas pero no somos capaces.*

*Le pedí que escogiera una de las situaciones en las que hubiesen
discutido.*

*-No tengo que pensar mucho, ayer mismo lo hicimos —me dijo
ella-.*

*Le dije que, tal como estaba sentada, cerrara los ojos y se relajara
para alcanzar un estado mental más receptivo.*

*Cuando lo hubo hecho, la guié a que enfocara en su imaginación
la escena de la discusión con su hija.*

-Sí, la estoy viendo perfectamente.

-Descríbela y toma conciencia de lo que sientes —le seguí diciendo-.

*-Mi hija y yo estamos en la cocina y ella me explica sus planes
para el fin de semana. En ese momento comienzo a ponerme
nerviosa.*

-Permítete experimentar y observa la sensación que tu mente te da.

*-Es... como algo que se me escapa de las manos y va a estrellarse
en el suelo.*

*-Pregúntale a tu mente por este mensaje, y atiende a lo que ella
te responde.*

*-¿Qué es lo que se me escapa de las manos?... mi mente dice que
es mi hija, que debo protegerla para que no se estrelle.*

*Es un propósito noble, sin duda. Pero ya que esta reacción es dis-
funcional, hay que seguir dialogando con la mente hasta que se
encuentre el propósito que revela el tipo de necesidad anímica que
se encuentra frustrada y nos facilite la armonía con la situación.*

Le sugerí la siguiente pregunta:

*-Suponiendo que mi hija ya estuviera protegida, ¿qué más crees
que yo necesitaría para sentirme bien?*

-Tenerla controlada —fue la respuesta de su mente-.

–Suponiendo que ya tuviera a mi hija controlada, ¿qué más crees que yo necesitaría?

–Sentirme tranquila –fue la nueva respuesta de su mente–.

La pregunta ahora debe hacer referencia al "guión" que sigue la mente.

–¿Cuándo aprendiste a inquietarte al no controlar la situación?

Quedó unos momentos en silencio mientras su mente le proporcionaba el engrama:

–Temía el momento en que llegaba mi madre a casa después de trabajar; siempre me gritaba mucho, nunca le gustaba como estaban las cosas. Ella me dejaba a cargo de mis hermanos pequeños y yo no podía con todo. Necesitaba tenerlos controlados para que no me hicieran ningún estropicio; alguna vez había tenido que atar a alguno de ellos a una silla.

–¿De qué se quejaba tu madre?

–Decía que la casa era un caos, para ella nada estaba en orden ni a punto.

–¿Cómo te sentías?

–Con mucha ansiedad.

–Permítete experimentar la sensación.

–¡Es la misma! La situación se me escapa de las manos.

–Pregúntale a tu mente lo que quiere para ti.

–Mi mente dice que debo esforzarme más para tenerlo todo controlado.

–Síguele preguntando a tu mente –insistí–.

–Suponiendo que ya lo tuviera todo controlado, ¿qué más crees que yo necesitaría?... Aceptación, sí, eso, aceptación. Necesitaba sentir que mi madre me aceptara y me aprobara. Deseaba con todo mi corazón que se fijara en mí y no en cómo estaba la casa y los niños. Llegué a deprimirme porque en mi interior sabía que nunca podría conseguir agradarla y, si algún día lo conseguía, el siguiente volvería a fracasar.

La aceptación no es otra cosa que amor. Este lugar de tu inconsciente se encuentra herido por falta de amor y a causa de los mecanismos de asociación mentales, experimentas emociones similares a las que tu madre provocaba en ti al llegar a casa, transfiriéndolos a tu hija en el presente. Ahora pues, lo propio es sanar esta huella de memoria donde han quedado esas emociones negativas enquistadas, para que no disparen reacciones automáticas exageradas y fuera de lugar que impidan la buena comunicación entre las dos.

Llegados a este punto es preciso conectar con la Fuente Universal del Amor. Se trata de abrir el nivel más espiritual, íntimo y profundo de tu ser para percibir y recibir la energía sanadora y renovadora que dará satisfacción a la necesidad anímica que quedó dañada en su momento. Dios es esa fuente que fluye sin medida y como un bálsamo, sana la herida y llena el vacío que produjo el dolor, la impotencia, la rabia y la frustración.

–Recibe el amor –le continué diciendo–, siéntelo cómo entra en el interior de tu ser, comprueba cómo se expande y alcanza cada rincón, experiméntalo en su plenitud de sensaciones... Expresa la afirmación de tu experiencia: "Siento plenitud de amor".

–...Siento como si me llenara de algo cálido... es una sensación fantástica....

–Vuelve a la situación que viviste con tu madre y observa cómo te sientes con ella.

–No siento temor ni inseguridad con ella –me dijo–, la veo como una persona desbordada y angustiada y experimento un nuevo sentimiento... Es misericordia, sí, ese amor que yo siento ahora ha cambiado lo que el mal humor de mi madre producía en mí.

–¿Y respecto a tus hermanos?

–Ese amor también les alcanza a ellos, dejan de ser mi pesadilla... (sonríe) juego un poco con ellos y se calman. Es todo diferente, acepto a mi madre y a los niños, ya no me hacen daño, son

entrañables para mí aunque hagan ruido o se enfaden.
-Ahora enfoca la escena con tu hija en la cocina.
(Vuelve a sonreír).
-Me encanta escucharla, comparto su ilusión y me imagino en su lugar, no quiero perderme sus momentos felices. Establecemos algún acuerdo, pero de buen rollo. Es como si la escena ahora tuviera luz.

Otro caso más puede ilustrar mejor este sistema de regeneración interior. Esta vez era una mujer que se quejaba de su marido en los siguientes términos:

-Creo que mi marido no está haciendo de padre, se inhibe de sus responsabilidades y no tengo más remedio que tomarlas yo. Nuestros hijos no cuentan con él cuando necesitan ayuda y, por supuesto, tampoco hace acto de presencia en los conflictos familiares que tenemos.
El marido reconoció la situación y mostró su disposición a cambiar y tomar su lugar. Explicó que había intentado esforzarse muchas veces pero algo se lo impedía y sólo se sentía bien cuando salía del escenario y dejaba que la madre y los hijos solucionaran las cuestiones. Si un hijo venía a preguntarle por algo sentía que debía derivarlo a su madre, pues le creaba mucha inseguridad tener que decidir. Cuanto más le exigía su esposa que tomara su responsabilidad de padre, más necesidad tenía él de desaparecer.
Le pedí al padre que cerrara los ojos y se relajara. Una vez lo hubo hecho, seguí indicándole que enfocara mentalmente la imagen de su familia.
-Veo a mi esposa y a mis tres hijos juntos y yo estoy un poco retirado.
-¿Cómo te sientes en esta imagen?
-Bien, pero me gustaría estar más cerca de ellos.
-¿Qué te lo impide?

–No lo sé, creo que tendría que hacer un gran esfuerzo para acercarme, y aún así, tengo la sensación de que luego volvería a la posición en la que estoy. (Es la sensación de los muñecos "tentetieso", aquellos que se mantienen de pie aunque los derribes).

–Pregúntale a tu mente por este mensaje.

–¿Cuál es el propósito de mantenerme pegado en esa posición de distancia?... Ahí estoy más seguro.

–Pregúntale ahora: ¿Dónde aprendiste que la distancia da seguridad?

–En casa de mis padres.

–Sigue tirando del hilo: ¿De quién necesitabas tomar distancia?

–De mi madre... se volvía como loca, gritaba y golpeaba las cosas. Yo sentía miedo y me escondía en mi habitación.

–Permítete experimentar esta situación.

–Sí... allí me iba calmando poco a poco. Mi habitación era como mi madriguera, fuera de ella estaba el mundo con muchos peligros, en cambio, allí me sentía seguro.

–Conecta ahora con la Fuente Universal de la Seguridad. Abre el nivel más profundo de tu ser para percibir y recibir la seguridad interior. En el ámbito de Dios todo está quieto y en orden; cualquier impulso de violencia se calma; es como el río que desemboca en el mar; queda neutralizado. Permite que esa inmensidad te envuelva y te inunde hasta satisfacer la necesidad de tu alma.

–Sí... ya la siento; parece como si me ensanchara por dentro... comienzo a experimentar un nuevo sentimiento... libertad... al sentirme seguro, me siento libre.

–¿Puedes salir de la habitación?

–Sí, y me siento bien en el mundo.

–¿Qué ocurre cuando tu madre se enfada?

–Pues la miro... es como si no fuera conmigo.

–Enfoca tu familia.

–¡Oh, sí! Estoy con ellos, quiero estar con ellos, es donde me siento bien.

Nuestras conductas reactivas siempre están relacionadas con experiencias emocionales negativas, que se encuentran en el nivel inconsciente. Partiendo de la situación problema podemos ir profundizando hasta encontrar la causa que provoca la reacción. Una vez identificada, hay que permitir su expresión y tomar de la Fuente Universal para satisfacer la necesidad frustrada. Entonces, la percepción de la situación actual cambia, y viene la armonía.

5: Ante todo, el buen sentido

Parte 1.

Llegó una vez un profeta a una ciudad y comenzó a predicar en su plaza mayor la necesidad de hacer un cambio en la marcha del país. El profeta gritaba y gritaba y una multitud considerable acudió a escuchar sus voces, aunque más por curiosidad que por interés. El profeta ponía toda su alma en las voces que daba, exigiendo el cambio de las costumbres.

Pero, según pasaban los días, los curiosos que rodeaban al profeta eran cada vez menos y ni una sola persona parecía dispuesta a cambiar de vida. Pero el profeta no se desalentaba y seguía gritando, hasta que un día ya nadie se detuvo a escuchar sus voces.

Pasaban los días y el profeta seguía gritando solo en la gran plaza sin que nadie le escuchara. Al fin, alguien se acercó y le preguntó: "¿Por qué sigues gritando? ¿No ves que nadie está dispuesto a cambiar?" "Sigo gritando -dijo el profeta- porque si me callara, ellos me habrían cambiado a mi".

Si el hacha pierde su filo, y no se vuelve a afilar, hay que golpear con más fuerza. El éxito radica en la acción sabia y bien ejecutada.

Salomón

Hace muchos años los leñadores iban al bosque con un hacha y golpe tras golpe derribaban árboles para construir sus casas. Cada vez que se enfrentaban a un nuevo árbol, sabían que iban a invertir gran cantidad de energía antes de transformarlo en un tronco limpio y preparado para el transporte. Con el tiempo el hacha iba perdiendo su filo y el leñador lo notaba al tener que golpear con más fuerza para conseguir un corte similar a los anteriores.

El hacha parecía ser la misma, el leñador también, lo mismo podemos decir de la consistencia del árbol; pero había un pequeño detalle que había cambiado: la herramienta había perdido su filo. El leñador entonces podía hacer dos cosas: seguir golpeando con más fuerza, o interrumpir su tarea y dedicar unos minutos a restaurar el filo del hacha.

Es fácil estar de acuerdo en que vale la pena pararse y afilar bien el hacha. El tiempo que se dedique a este menester siempre será una inversión muy rentable.

A un observador que no entienda le puede parecer que si deja de golpear está perdiendo el tiempo, pero nada más alejado de la realidad; perdería el tiempo y las fuerzas si siguiera golpeando con el hacha desafilada.

Aunque puede parecer absurdo que un leñador actuara de esta forma, en la vida real eso pasa muy a menudo. Hay muchos padres que tienen la sensación de "golpear con una hacha sin filo" cuando tratan de educar y corregir a sus hijos: les dicen las cosas una y otra vez y como si hablaran a la pared, no atienden, y si atienden, lo dicho no tiene efecto porque en su interior no hay la voluntad de colaborar con sus padres. En cualquier caso, parecen estar inmunizados contra los consejos, los reproches, las amenazas, los castigos (y a veces, hasta las súplicas), y decididos a continuar así hasta que los padres tiren la toalla y dejen de insistir.

En esta analogía, *afilar el hacha* es equivalente a actuar con buen sentido. Al hacerlo así, no hay desproporción entre el esfuerzo y el resultado, más bien lo contrario, a mayor dosis de buen sentido menos esfuerzo habrá que realizar. No es una utopía que las relaciones dentro de la familia puedan ser pacíficas y positivas, que potencien el desarrollo de sus miembros y proporcionen mutua satisfacción en un clima de afecto. No es una utopía, es una cuestión de *buen sentido*.

Cuando una relación entre un hijo y sus padres pierde su estado de armonía, básicamente hay pocas opciones para restaurarla: o el hijo vuelve a la posición anterior, o los padres ceden a la nueva posición del hijo, o los padres facilitan una nueva posición que sea válida y positiva para las dos partes en conflicto.

Por supuesto, quien tiene en su mano la capacidad de volver la relación a un estado de armonía positiva generalmente no es el hijo, sino los padres. En el primer caso de las tres alternativas, el hijo puede volver a la posición original por comprender que es la mejor opción, o por imposición en contra de su voluntad. En este caso se perderá posiblemente la armonía en la relación. En el segundo caso, si los padres ceden por razones no educativas, estarán potenciando en su hijo unas atribuciones que pueden llevarlo a ocupar una posición en el sistema familiar que nunca debería haber ocupado. En el tercer caso, la acción facilitadora siempre resulta en un crecimiento personal tanto para los padres como para el hijo.

Cuando un hijo persiste en un mal comportamiento y se resiste a colaborar con la acción que los padres realizan, debemos abrirnos a pensar que posiblemente esa acción de los padres no es la más adecuada. No quiere decir que sea incorrecta en sí misma, sino que no es la más adecuada para resolver esa situación concreta. El hecho de que una determinada estrategia funcionara en otra situación, o en otra persona, no quiere decir que sea la adecuada en este momento para nuestro hijo. Siempre hay otra alternativa a las peticiones no correspondidas de los padres, los consejos, las advertencias, las amenazas o los castigos.

El buen sentido tiene una doble función: La primera está relacionada con la capacidad de tomar una cierta perspectiva de la situación conflictiva para valorarla objetivamente sin que las emociones nos traicionen. La segunda tiene que ver con el principio de la utilidad: Si una acción no contribuye a conseguir el fin pretendido, deja de tener sentido el volverla a repetir.

He visto muchas veces como hay padres que se resisten por diversas razones a abandonar sus acciones inútiles que tienden a complicar las cosas. El buen sentido está por encima del temor, del orgullo o de cualquier otra emoción absurda que impide la libertad de actuar sin prejuicios, sin presupuestos tradicionales que en la situación actual sólo enredan más que ayudan. Vendría a ser lo contrario de posiciones rígidas y de mentes estrechas.

A continuación vamos a considerar tres pautas fundamentales para actuar con buen sentido.

Es difícil actuar con buen sentido si no empatizas con tu hijo

La primera facultad que los padres deben desarrollar para ayudar a sus hijos y resolver las cuestiones que suelen presentarse en esta etapa de su desarrollo es la *empatía*. Sin empatía es muy difícil llegar a entenderse y superar las situaciones constructivamente. La empatía es la capacidad de ponerse en el lugar del otro y poder ver las cosas desde su perspectiva, comprender sus sentimientos y sus necesidades, llegar a conocer realmente el por qué hace lo que hace. Para ello es necesario que los padres desplieguen una actitud en esa dirección, tratando de escucharles con perspicacia, haciéndose preguntas respecto a las motivaciones de sus hijos, a todo aquello que no dicen pero que sí piensan y sienten.

Con frecuencia suelo encontrarme a padres que me hablan de sus hijos en los siguientes términos: "Todos dicen de él que es un chico encantador, pero en casa tiene una ira descontrolada".

La ira es una de las manifestaciones típicas de esta edad. El adolescente lucha por controlar su vida y los padres por controlarlo a él. Ahora ya no es un niño y tiene otros recursos aunque los padres aún tienen el poder; así que el adolescente muchas veces reacciona resentido y con ira.

Unos padres estaban desbordados con su hija de 15 años. La madre confesaba que le tenía miedo cuando se enfadaba, cosa que hacía a menudo.

–No se le puede llevar la contraria –seguía diciendo la madre–. Pasa de ser muy dulce a convertirse en un tifón, arrasa con todo, grita, falta al respeto y dice cosas que duelen mucho.

Los padres seguían explicando que no le daban motivos para que reaccionara de aquella forma con ellos, ya que trataban de complacerla y le consentían mucho más de lo que deberían.

En principio así parecía presentarse la cuestión: unos padres encantadores y espléndidos con una hija injustamente desbocada.

Les indiqué que iba a hacer un interesante ejercicio con la madre para intentar comprender el comportamiento de su hija.

Le invité a que se acomodara, cerrara los ojos y se relajara. Seguidamente le pedí que escogiera una de esas situaciones tempestuosas y que la visualizara mentalmente tal como ocurrió.

–Sí, ya la tengo. Estábamos almorzando, mi hija había comido

un plato de ensalada y luego le puse un poco de pescado. Se negó a comerlo y discutimos; para ella ya tenía suficiente, pero yo no podía dejarla sin el alimento necesario, así que insistí en que debía comérselo. En medio de la discusión, se levantó muy airada y arremetió con todo encerrándose en su habitación.

El paso siguiente es revivir mentalmente la experiencia desde la perspectiva de la hija. Así que le guié en lo siguiente: Ahora vas a ocupar el lugar de tu hija, ponte donde ella estaba, olvídate de tu experiencia y de todo lo que tiene que ver contigo, "tú eres tu hija". Es necesario que te coloques en su mundo, trata de pensar y sentir como ella... Date unos momentos para percibirlo... no te exijas nada, solamente ábrete a esta nueva experiencia y comienza a revivir la situación desde esta posición.

–...uhm ...no me siento bien... mi madre me agobia con la comida, siempre está pensando en lo mismo... (sonríe)... no escucha lo que le digo, me trata como una niña pequeña...

Bien, aún no es suficiente, ahora es necesario volver a secuenciar la situación desde una tercera posición imparcial. Ésta sería equivalente a la que tomamos cuando presenciamos un conflicto entre dos personas con las que no estamos implicados emocionalmente. Imagínate que te encuentras cerca de la mesa pero ni siquiera estás sentada en ella, sólo eres una observadora.

–... ni la hija ni la madre dan opción... no hablan sobre el tema... la madre sólo se sentirá tranquila si ve comer a la hija.... no se interesa por las razones que llevan a la hija a no querer más comida... hay buena intención por parte de la madre pero presiona hasta que la hija se descontrola...

En este punto ya tenemos la información que nos va a ayudar a manejar la cuestión de otra forma. No es conveniente quedarse con una perspectiva de la situación, nos perderíamos buena parte de la realidad total. Tampoco sería suficientemente útil si valoráramos el hecho por las conductas en sí mismas.

En otro capítulo se ha estado exponiendo que todas las conductas, aunque sean incorrectas, tienen en el fondo una intención positiva. Persiguen el satisfacer una necesidad anímica que se encuentra frustrada.

En este caso, la madre necesitaba sentir que cumple con su rol de madre de forma responsable cuidando bien de su hija. La necesidad anímica que intenta satisfacer es su realización personal. Por otra parte, la hija en esa situación no se siente valorada, y aunque intenta luchar por ello, al no tenerse en cuenta lo que reivindica, termina con una reacción propia de la desesperación y la impotencia. Esta sería la valoración de lo ocurrido, pero si no nos quedamos en la superficie, entenderemos que la madre quiere el bien de la hija porque la ama, la hija también ama a su madre y la necesita, pero no enfrentada de esta forma.

¿Por qué la hija se agobia cuando ve a la madre con la comida y le parece que ésta sólo sabe hablar de lo mismo? Sencillamente porque tiene un problema que no sabe resolver y la madre no le está ayudando, más bien se lo agrava.

–Yo quiero realmente ayudar a mi hija –me dijo la madre después del ejercicio que habíamos hecho–. Comprendo que estas discusiones no llevan a ninguna parte, sólo a hacernos un daño inútil. He comprendido que la conducta de mi hija no es algo personal contra mí, ahora sé que lo pasa mal, y además, le estoy dando una imagen de mí que no se corresponde con lo que yo siento por ella.

–Ya que te has puesto en el lugar de tu hija –le dije–, ¿cómo quisieras que tu madre te tratara respecto a la comida?

–Que me tuviera un poco de confianza y me dejara decidir por mí misma.

Bien, actuar con la hija de manera que se le muestra respeto y confianza como a un adulto que es responsable con su vida, es un paso importante. Por el momento desaparecerán los conflictos en la mesa que no llevan a ningún resultado positivo; pero además, se abre el camino a la posibilidad de ayudar realmente a la hija.

–Si tuvieras un problema con la comida –le seguí ayudando a reflexionar–, ¿qué te gustaría encontrar en tu madre?

–Si yo tuviera un problema con la comida me sentiría muy insegura y necesitaría el apoyo de mi madre, desearía poder hablar del tema, de los conflictos que tuviera conmigo misma y de las cosas que me ocurrieran con las chicas y chicos que me relacionara... yo también pasé por eso y me sentí muy sola...

A partir de ese momento, aquellos padres se fueron con otra visión de la situación entre ellos y su hija. Poco después, me comunicaron que su hija estaba más abierta y afectuosa con la madre, podían hablar del tema de la comida y de otros que antes ni siquiera podían insinuarse. La madre, por su parte, se sentía mucho más satisfecha y tranquila, ya que podía guiarla mejor desde la comunicación que por medio de la imposición.

Si valoramos la importancia de la empatía como la clave para la buena comunicación, es necesario dedicar con frecuencia unos minutos para poder beneficiarnos de toda la información que nos hace accesible. El modo de hacerlo no es difícil, hay que tomar conciencia de tres perspectivas diferentes:

Nuestra percepción de la situación. La importancia estriba en considerar que nuestra visión es una parte de la realidad, no toda ni la única. Si cualquiera de los padres estuviera en otra de las dos perspectivas lo vería de manera diferente. Muchas veces, la perspectiva de los padres tampoco es la misma, puede ser que uno sea más espectador que el otro en una determinada situación, y este hecho ya puede modificar la percepción de cada uno. Otra de las variables es nuestro propio "filtro" personal, pues como se ha visto en otro capítulo, cada uno vive las situaciones dependiendo de sus características personales y de su experiencia. Todo lo dicho no quita el hecho de la experiencia y responsabilidad de los padres a la hora de enfrentar una situación de conflicto; sencillamente los abre a considerar el resto de la realidad.

La percepción de nuestro hijo o hija. Tratar de sumergirse en su posición nos acerca a ver y a sentir como ellos. Al hacerlo, dejas de ser por un momento un adulta de 40 años para convertirte en una adulta de 15 ó 16 años, sientes que no te gusta tu cuerpo y quieres controlarlo, y la única forma que se te ocurre es por medio de la comida. Además te sientes molesta porque hace tiempo que lo intentas y no lo consigues, tu madre con sus paranoias no hace más que hacerlo todo más difícil. Por otra parte, tienes problemas para ponerte la ropa que te gustaría... La vida se ve muy diferente, la situación también, las luchas interiores son muy fuertes y los puntos de referencia también. En definitiva, es otra parte de la realidad.

Y para ponderar, la perspectiva del observador. A través de esta posición se puede tomar conciencia de los aspectos que son comunes y los que están en oposición.

En este caso, la madre quería que la hija no dejara de nutrirse; por su parte, la hija no se oponía expresamente a eso. La concepción que tenía la madre sobre la manera de nutrir a su hija muy probablemente puede modificarse y llegar a un punto de encuentro en que las dos se sintieran bien. Otro aspecto tan importante o más que éste sería utilizar la comunicación para apoyar y guiar a la hija en esta etapa difícil, en lugar de luchar por la cantidad de comida, o por lo que les hacía sentirse bien a cada una. En definitiva, esta perspectiva es la que nos ayuda a aproximarnos más a la sensatez y a la creatividad siempre necesarias para resolver las situaciones conflictivas que se presentan.

Es fácil distorsionar las cosas si la información no es correcta

En la teoría, todos sabemos que las cosas no son siempre como parecen ser, aunque en la práctica solemos juzgar y actuar por la interpretación que damos a lo que vemos. Con eso quiero decir que, si dedicáramos un poco más de tiempo a tratar de verificar si la apariencia coincide con la realidad o, en otras palabras, asumir la posibilidad de que hay una causa más profunda y menos aparente que realmente da cuenta de lo que ocurre, podríamos contar con la información necesaria para poder resolver muchos problemas que, presionando sobre lo aparente, sólo se consigue empeorar.

Vino a verme una madre con su hijo de 14 años, el tema era su bajo rendimiento escolar. En las evaluaciones de los dos últimos trimestres había suspendido varias asignaturas. Ella me explicaba que durante el curso estaban en continuo conflicto para que estudiara, le costaba mucho ponerse a hacerlo, cuando lo hacía se distraía con cualquier cosa, la madre no dejaba de vigilarlo y lo agobiaba. Se sucedieron pactos, amenazas y castigos; le proporcionaron ayuda externa para repasar los temas que se daban en clase pero aún así, la desmotivación por parte del chico seguía en aumento y las notas no mejoraban. Las expectativas e ilusiones para realizar los estudios de la profesión que le gustaba también se iban esfumando.

Cuando le pregunté al joven sólo sabía decirme que sentía mucha pereza para estudiar; sabía que no estaba haciendo bien, pero no daba más de sí.

—En estos últimos exámenes he dedicado más tiempo a estudiar y me ha ido peor —siguió explicándome—, o sea que, haga lo que haga, me va mal.

La madre siguió aclarándome que en todo lo demás estaba muy contenta con él, pero en lo referente a sus estudios lo estaban pasando mal: cada tarde era una guerra en casa entre la madre y él. Aunque el joven se sentía culpable no reaccionaba, la madre trataba de ayudarle en que fuera más responsable y le hacía sufrir las consecuencias de su fracaso escolar. El resultado era que el chico cada vez iba peor y nadie se sentía bien.

Al preguntarle a la madre por la causa de este problema, me respondió así:

—Está claro que tiene una gran falta de interés; si tuviera el mismo interés para estudiar que tiene por el ordenador y los móviles, sacaría sobresalientes.

Es evidente que no tiene el mismo interés por una cosa que por la otra, pero la cuestión sería averiguar el por qué tiene tan poco interés.

La madre daba por sentado que estudiar, en sí mismo, era aburrido; pero que su hijo debía esforzarse y ser responsable.

Cuando le pregunté: "¿cuánto de aburrido?", no me supo contestar muy bien y se cerró en banda enfatizando que no importaba lo aburrido que fuera: "Éste es el trabajo de mi hijo y debe hacerlo como lo hacemos todos los demás en la familia".

Llegados a este punto le pedí que dedicáramos un poco de tiempo a reunir alguna información que podría ser muy importante para ayudar a su hijo y, por extensión, a la situación familiar.

Le facilité al chico un libro de texto como el que usaba en el instituto y le indiqué un tema.

—Hazme una demostración lo más exacta posible de cómo estudias —le pedí—.

El chico tomó un lápiz y comenzó a subrayar buena parte del texto del libro; luego, cuando llegó al final del epígrafe, volvió al principio para leerlo otra vez. Ahí lo interrumpí para que me aclarara lo que estaba haciendo.

–He subrayado todo lo importante y ahora me lo leo varias veces para memorizarlo —me dijo–.

La madre añadió que este sistema se lo habían enseñado en la escuela y que, si lo trabajaba suficiente, tenía que dar buen resultado.

Lo primero que me pareció observar era que había subrayado demasiado texto y había ido demasiado deprisa al hacerlo, así que le pedí que me explicara lo que había leído.

Se sonrió y me dijo que no podía.

Le pedí que me diera una idea general.

Dudó unos instantes y me confesó que no se había enterado de nada.

Seguidamente le sugerí que nos centráramos en el primer párrafo para que lo leyera más atentamente y me explicara lo que decía.

Lo leyó e intentó repetírmelo más o menos de memoria.

Le volví a aclarar que deseaba que me lo explicara con sus palabras y después de pensar unos momentos, me confesó que era incapaz de hacerlo.

Volvimos a leerlo juntos frase por frase y cuando le preguntaba por lo que había entendido, tampoco podía explicármelo, al no conocer el significado de algunas palabras.

Entonces le facilité un diccionario y le sugerí que con su ayuda probara de nuevo a comprender el párrafo.

Esta vez sí lo consiguió y, más animado, me lo explicó con sus palabras.

Seguidamente le pregunté por el concepto más importante del párrafo y con mayor facilidad me lo pudo decir, así que modificó lo que había subrayado.

De esta manera llegamos al final del texto que habíamos escogido y fue capaz de explicármelo en un 80% con exactitud, pero lo más importante fue la satisfacción que mostraba al poder hacerlo.

–Es como si hubieran conectado la luz —expresó–.

Por su parte la madre comentó que tenía una mezcla de sentimientos:

Se sentía mal porque había dado por supuesto cosas que no correspondían a la realidad.

Había luchado mucho con su hijo pero sin acercarse lo suficiente para poder comprender lo que estaba ocurriendo.

Se dio cuenta de que la presión que estaba ejerciendo sobre él era más destructiva que constructiva, puesto que su autoestima se resentía, su motivación se reducía y la reactividad entre los dos aumentaba.

Entendió que necesitaba ayuda pero de otro modo muy diferente, y se sintió muy motivada a prestársela.

El muchacho no era en realidad ni un irresponsable ni una persona con limitaciones intelectuales, sólo que no sabía estudiar; y cuanto más avanzado estaba el curso, más dificultades tenía para poder responder adecuadamente.

Tener toda la información necesaria es la clave para acertar a la hora de ayudar a nuestros hijos.

Todos salen ganando con un acuerdo constructivo

La adolescencia es una etapa en que padres e hijos deben desarrollar la habilidad del acuerdo creativo y constructivo, pues, las luchas de poder en esta etapa no suelen favorecer a nadie. Una lucha de poder se genera cuando una de las dos partes quiere ganar control o tiene la sensación de haberlo perdido.

La relación entre padres e hijos está jerarquizada, los padres tienen la responsabilidad de cuidar de sus hijos y educarlos para que un día ellos puedan cuidar de sí mismos. Aunque tienen una gran capacidad de aprendizaje, a los hijos, les falta muchas veces el *buen sentido* para enfrentarse a las situaciones que se les van presentando.

Por tanto, no hay que perder de vista la cuestión de la autoridad. Si los padres la pierden, el hijo la toma y la usará en lo que cree que le beneficia. Los padres siempre han de ser el referente para los hijos en cuanto a la autoridad legal y moral que tienen sobre ellos, y esta autoridad será reconocida cuando se den las siguientes condiciones:

- El hijo ve que los padres están de acuerdo en los valores educativos que transmiten.
- Que estos valores y normas son estables.
- El objetivo de la autoridad no es otro que la educación del hijo y el desarrollo de su autonomía.
- La autoridad de los padres es coherente con su propia conducta.
- Que los padres ejercen la autoridad de modo participativo sabiendo llegar a acuerdos razonables.
Así pues, una de las labores fundamentales de los padres es facilitar el poder llegar a acuerdos con los hijos, y para ello sería conveniente tener presentes algunos principios:
- *Los padres no deben permitir que la cuestión se personalice en una lucha de poder* entre las dos partes donde una pueda salir ganadora y la otra perdedora. Las dos partes, han de salir ganando y, si se consigue, la familia entera saldrá beneficiada.
- *Siempre que se pueda hay que anticiparse a la lucha de poder.* Los padres tienen la experiencia y la capacidad de poder prever y preparar a sus hijos y, a su vez, a ellos mismos para enfrentar situaciones típicas de esta etapa desde una posición más elaborada.
- *Los padres tienen la labor de encontrar soluciones que permitan resolver las necesidades planteadas por las dos partes.* Siempre tienen más recursos en todos los aspectos que los hijos. Éstos tienden a tener una atención muy focalizada en lo que desean o les preocupa, en cambio, los padres pueden tener una mente mucho más abierta, donde caben más alternativas.

- *Cambiar las órdenes por preguntas ayuda a la reflexión más que a la reacción.* La infancia ha pasado y suele incomodar al adolescente el escuchar órdenes tal como le incomodaría al adulto. El aprender a tratarlo como nos gustaría que lo hicieran con nosotros da mejores resultados.

- *Hay que propiciar una actitud de encuentro.* Cuando las dos partes están cerradas a los intereses de la otra es difícil poder escuchar, comprenderse y aproximar las posiciones.

- *Es necesario intercambiar la información que subyace a las exigencias de cada parte.* Esta información pone de relieve las intenciones anímicas que no suelen estar nunca en oposición.

- *Los padres deben estar muy atentos a no perder el control sobre sí mismos,* pues difícilmente ayudarán a controlar a sus hijos si ellos no son capaces de hacerlo. Si en un momento dado un padre o una madre se da cuenta de que está perdiendo el control, lo mejor es interrumpir la discusión y aplazar el asunto para cuando se encuentre en las condiciones adecuadas.

- *Hay que proporcionar al hijo más de una opción para que pueda elegir.* Está comprobado que la actitud del adolescente es mucho mejor al poder decidir sobre las alternativas; deja de sentirse tratado como un niño.

- *Si en algún momento se cae en una lucha de poder, hay que salir cuanto antes de ella,* es la mejor forma de resolverla.

La relación entre aquel adolescente de 17 años que tenía delante de mí y sus padres estaba en un punto muy tenso, ni siquiera les miraba a la cara cuando hablaba, era evidente lo enfadado que estaba y el desprecio que sentía por ellos. La cuestión era que había conectado con un grupo de amigos que salían de noche y volvían muy tarde a casa. Los padres no consentían en que él hiciera como los demás y se mantenían firmes en que mientras estuviera bajo su techo y su responsabilidad tenía que acatar las normas establecidas.

Les pregunté a los padres si habían intentado llegar a un acuerdo, pero me dijeron que con él era imposible ya que no estaba dispuesto a ceder. Ante esta actitud, los padres también se posicionaron en el extremo opuesto.

El joven les había engañado un par de veces para poder estar con sus amigos y los padres lo tenían castigado; evidentemente la situación era difícil para todos.

Les expliqué que para llegar a un acuerdo hay que trabajar para conseguirlo, no para todo lo contrario y, al parecer, habían actuado así.

Les pedí a la madre y a su hijo que se prestaran a hacer un pequeño ejercicio. Los coloqué a uno frente al otro separados por una distancia de dos metros; luego, tomé una hoja de papel y les pedí que cada uno la sujetara de un extremo y que estiraran con fuerza. A los pocos momentos la hoja quedó destrozada. Les di otra hoja de papel y les volví a pedir que repitieran la misma operación: irremediablemente, la nueva hoja volvió a quedar destrozada.

–¿Qué sentido tiene esto? –preguntó el joven–.

–Eso mismo me pregunto yo cuando os veo en la situación en que estáis –le respondí–.

Nos quedamos por unos momentos mirándonos y, seguidamente, volví a darles otra hoja de papel.

–¿Quieres que también la rompamos? –preguntó el chico–.

–¿Tendría sentido? –le conteste muy pausadamente–.

En este momento el joven miró a su madre y la acusó de que ella era quien rompía la hoja.

Les volví a pedir que hicieran la prueba con la hoja que les había dado.

Esta vez, ni el chico ni la madre tiraron con fuerza, se quedaron sujetándola por unos momentos esperando el movimiento del otro.

–Ahora no se rompe porque ella no tira –dijo el chico mirándome–.

–Yo tampoco veo que tú tires –le respondí–.

En ese momento el chico comenzó a tirar lentamente acercándose la hoja de papel. La madre fue cediendo hasta que su brazo no daba más de sí.

–Éste es el límite –le dije al chico–, a partir de aquí si sigues tirando provocarás que tu madre también tire en la dirección opuesta y el papel se tensará más de la cuenta. Cuando eras un bebé ella te sostenía, luego comenzaste a crecer y te fuiste separando de tu madre, pero cuando ella tensaba el lazo que os une, tu fuerza era mucho menor que ahora y no te alejabas demasiado. Ahora las cosas han cambiado, tú tienes mucha fuerza, sigues creciendo y necesitas seguir alejándote para hacer tu propia vida; pero aún hay un vínculo que os une por un tiempo, y este vínculo no lo puedes romper porque tú también lo necesitas. Tu autonomía aún no está completa y tus padres te aman y tienen la responsabilidad de cuidar de ti.

Quedé en silencio por unos momentos mientras reflexionaban todos; luego les invité a que en lugar de afirmarse cada uno en la posición que más le satisfacía, intentaran hacer el ejercicio de partir de la posición que diera satisfacción a las dos partes. Para poder hacerlo necesitaban intercambiar alguna información, así que les pedí que expresaran cada uno sus propósitos al respecto.

El deseo del joven era pasárselo bien con sus amigos y el de los padres protegerle.

En principio ninguna de las partes estaba en contra del propósito de la otra: los padres querían que su hijo fuera feliz y el hijo entendía que los padres aún tenían que cuidar de él.

Ahora también necesitábamos que expresaran los aspectos que les separaban. Los padres tenían temor de que de noche y en los ambientes que frecuentan los jóvenes, su hijo pudiera consumir drogas y sufrir algún daño. El hijo expresaba que no tenía otra opción si quería estar con ellos.

Era evidente que había dos conceptos que debían encontrarse: por una parte los padres necesitaban ir depositando confianza en su hijo y, por otra, el hijo debía asumir que sus padres aún necesitaban mantener un nivel de control.

Esto fue aceptado por las dos partes y a partir de aquí, no fue difícil fijar la hora de vuelta a casa.

Pasado algún tiempo, los padres me dijeron que estaban mucho más tranquilos, su hijo más o menos respetaba la hora acordada y cuando volvía a casa su aspecto no indicaba que hubiera consumido alcohol o drogas. Por otra parte, existía un clima de confianza adecuado en el que el hijo les explicaba espontáneamente experiencias con sus compañeros.

6: Si no te funciona lo conocido, sé creativo

Parte 1.

Una ciudad estaba sitiada y, después de varios ataques, los defensores se quedaron sin flechas. Alguien tuvo una idea que al principio pareció muy ingenua pero, no teniendo más alternativas, se dispusieron a probarla. Se ordenó a la gente fabricar muñecos de paja de tamaño natural vestidos de negro que los soldados descolgaron con cuerdas por las murallas al caer la noche. Las tropas que sitiaban la ciudad dispararon infinidad de flechas contra los muñecos que confundieron con enemigos que escapaban. Las flechas se clavaron en los muñecos, de paja, que los sitiados volvieron a subir a la muralla. En ese momento se descubrió el ardid y cesó el ataque, pero ya era tarde.

Los habitantes de la ciudad habían pasado de no tener munición a tenerla de sobra. Esa misma noche se descolgaron 500 guerreros de élite. Los sitiadores pensaron que otra vez eran figuras de paja y no prestaron atención. Los quinientos hombres entraron a saco en el campamento enemigo, que huyó en desbandada.

> Una onza de ingenio vale más que cien kilos de sudor.
>
> **Peter B. Kyne**

Para ser creativo es necesario abrir la mente a nuevas posibilidades. Siempre hay otras formas de hacer las cosas y resolver las situaciones que se nos presentan. En general, las personas son poco creativas en la vida diaria, a menudo es fácil observar cómo quedan atascadas en cualquier situación y reiteran actitudes y comportamientos que evidentemente no son útiles para el propósito que persiguen.

Cuando se presenta un problema, lo propio es intentar solucionarlo. La mayoría de padres actúan así, pero no todos siguen el mismo criterio. Este hecho, por sí solo, ya marca importantes diferencias en la educación y las relaciones. Los criterios más comunes que suelen observarse son los siguientes:

El intuitivo. Es la idea que, de manera espontánea y en forma de sentimiento, aparece en nuestro interior. "Es la voz del corazón". Existe el riesgo de confundirlo con un impulso instintivo.

El lógico. Es la conclusión a la que llegamos partiendo de unas premisas determinadas. Damos por supuesto unos hechos y deducimos o inducimos a través de ellos por medio de nuestra capacidad de razonar el qué y el cómo hemos de actuar. Uno de los riesgos se encuentra en que las premisas de las cuales partimos no sean correctas.

El sentido común. Es la capacidad de actuar como lo haría el consenso de la mayoría de personas de un grupo normal; eso implica un grado de moderación y conocimiento popular que resulta acertado muchas veces.

El cultural. Es el que corresponde a los esquemas educativos que hemos recibido por crecer en un determinado contexto familiar, social o religioso. El riesgo es evidente, ya que puede establecerse una forma de solución y descalificar otras.

La experiencia. Puede ser directa o indirecta, vivida por nosotros o vista en otros, pero siempre sujeta a lo que hemos percibido y asimilado a través de ella. El riesgo es que haya construido unas creencias en nosotros que no son fáciles de cambiar.

Cualquiera de estos criterios puede ser funcional y proporcionarnos el resultado deseado; así pues, siendo útil es válido. Esto nos ayuda también a comprender que nunca podemos limitarnos a una sola forma de resolver un problema.

Puede ocurrir que, al actuar con uno o más de estos criterios, se fracase en el intento; eso no es motivo para llevarnos a la desesperación ni para hacer juicios de valor sobre nosotros o nuestro hijo, sencillamente, hemos de entender que hay otra forma más adecuada de solucionar el problema que las empleadas hasta entonces.

El obstáculo que hemos de superar en este caso es la resistencia natural al cambio de nuestras creencias, de todo aquello que hemos aprendido y dado por cierto. Al tener que manejarnos en lo desconocido nos sentimos inseguros y condicionados por no encajar fácilmente en nuestros esquemas mentales. Éste es nuestro coeficiente de rigidez mental que impide el desarrollo de la creatividad.

La creatividad es una expresión de la inteligencia. Se puede ser inteligente y no actuar inteligentemente. Actuar con inteligencia se relaciona con *la capacidad de adaptarse a una nueva situación usando los medios que tenemos a nuestro alcance para que contribuyan a la obtención del objetivo deseado.* En muchas ocasiones hay que usar los medios con los que contamos de forma muy distinta a lo que es convencional para poder alcanzar lo deseado; esto es precisamente la creatividad.

La creatividad se activa cuando somos capaces de creer que existe otra alternativa de solución. Es como el explorador que se propone llegar a una determinada ciudad; primero es necesario creer que existe y segundo, que hay una ruta para alcanzarla. Estas dos convicciones activarán sus recursos para encontrarla.

La creatividad se relaciona con la libertad. No se puede partir de las limitaciones y los condicionantes tradicionales, ya que éstos sólo sirven para ahogar cualquier buena idea en su etapa de gestación.

La creatividad considera a cada situación-problema como una nueva oportunidad de enriquecimiento, de esta forma, despeja la contaminación de la experiencia o del conocimiento tradicional para que pueda fluir algo fresco y útil.

Hay personas que son creativas por naturaleza y lo ingenioso fluye espontáneamente mientras que, para otras, no es tan fácil. Pero también es cierto que todos pueden estimular esta facultad siguiendo algunas pautas que faciliten que la mente ponga en marcha sus recursos.

Por otra parte, creo necesario hacer énfasis en algunas paradojas muy interesantes:

- Uno de los fenómenos que puede observarse al analizar la interacción entre los padres y los hijos es el siguiente: *Lo que construye un problema y lo mantiene es precisamente lo que los implicados intentan hacer para resolverlo.*

- *Cuando las acciones que se realizan para solucionar el problema no funcionan, si se repiten, contribuyen a reforzarlo y hacerlo crónico.* Entonces ocurre que, cuanto más se esfuerzan unos padres por cambiar la situación de conflicto con su hijo, más agudizan y desarrollan el problema.

- Aunque parezca extraño y dé la impresión de que padres e hijos sufren en una situación-problema, *en la mayoría de casos los hijos persisten en su conducta porque a través de ella sacan algún tipo de beneficio;* este beneficio puede ser consciente o inconsciente, real o ficticio, directo o indirecto.

- El hecho de llevar a cabo una acción que no sea adecuada (no significa que sea incorrecta ni incompetente, simplemente que no ha servido para resolver la situación de conflicto), no constituye el problema. *El problema está en la resistencia a modificar la idea que tenemos de la situación y de la manera en que hay que resolverla.*

- *El que una acción haya funcionado en otra ocasión similar no implica necesariamente que haya de hacerlo en la actual.* Este hecho viene a ser el principal obstáculo para que muchas personas puedan abrirse a intentar otras estrategias de solución.

- *Para dar salida a una situación de conflicto es necesario comenzar por interrumpir su persistencia dejando de hacer las acciones que la refuerzan.* Por tanto, si los padres dejan de hacer las acciones que no daban el resultado deseado y facilitan el que los hijos dejen de insistir en las suyas, se prepara el terreno para introducir la estrategia positiva.

- *Para abrirse a otras estrategias de solución suele ser necesario cambiar la perspectiva de valoración que se tiene de la situación-problema.* Las acciones que se aplican para resolver un problema siempre son consecuencia de la manera de percibirlo: así pues, otra forma de percibirlo nos lleva por sí misma a diferentes alternativas de solución que pueden ser más eficaces.

Una estrategia sencilla e ingeniosa

A continuación, como anticipo del próximo capítulo, expondré una estrategia que ha demostrado ser muy eficaz, basada en un recurso sencillo y quizás chocante.

Esta estrategia es la *Intención Paradójica*, la cual hace referencia a un fenómeno que trasciende la lógica del sentido común. Se da por supuesto que si a un fuego se le añade leña, se hace más grande; pero si se le añade demasiada leña, se apagará. De la misma forma, lo que en condiciones normales sirve para un fin determinado, intensificándolo suficientemente, invierte el resultado consiguiendo lo opuesto.

Este principio aplicado a la resolución de problemas en el campo de la educación de los hijos tiene resultados notables tanto para corregir comportamientos no deseados como para facilitar aprendizajes. La norma a seguir sería la siguiente: *Demandar para anular y frustrar para conseguir.* Se trata de hacer consciente lo que pertenece a la inercia y crear el sentimiento contrario al esperado.

Dos ejemplos tratados con este principio pueden ilustrar y enriquecer la comprensión de este concepto.

La madre de una joven de 19 años de edad se puso en contacto conmigo a causa de los problemas que estaba teniendo en los tres últimos años con su hija.

–Ha desarrollado un carácter muy difícil de aguantar –comenzó a explicarme–; por cualquier cosa se enfurece y pierde el control, nos dice cosas durísimas. Es muy exigente con todos pero ella

no está dispuesta a tolerar nada de nadie; siempre tenemos que ir con mucho tacto para pedirle algo, porque sin más puede reaccionar de forma exagerada. No acepta un no, las normas que valen son las suyas y éstas pueden variar según su conveniencia. Debo reconocer que su carácter es más fuerte que el mío y he llegado al punto en que prefiero ceder para que no se altere y luego siempre acabo siendo yo quien va a reconciliarse con ella.

Tuve la oportunidad de hablar con la joven, la cual admitió su mal carácter y dijo que le gustaría cambiar porque también le ocasionaba problemas con sus amistades.

–Es algo que no puedo evitar –se justificaba la joven–; se me cruzan los cables y tengo que vaciar todo lo que siento en aquel momento; luego, el enfado puede durarme un tiempo, a veces, mucho tiempo.

Me interesé por lo que hacían los demás cuando ella se enfadaba y me explicaron que lo habían intentado todo: justificarse, ponerse a su misma altura gritando como ella, pedirle disculpas, darle lo que reclamaba, consolarla, o razonar para que se calmara.

Pregunté si alguna vez la habían ignorado y la joven me dijo que eso era mucho peor, pues aún se enfadaba mucho más y hasta llegaban a asustarse todos porque se le aceleraba el corazón y le costaba respirar.

–No pueden ignorarme –protestó–, tengo el derecho de enfadarme.

–Sí, pero no de convertir a los demás en víctimas de tu enfado –le dije pausadamente–.

Ella quedó reflexionando y les sugerí poner en marcha el siguiente plan.

Como para la joven era muy importante enfadarse para poder mantener su equilibrio emocional (y a su vez era capaz de poner de relieve aspectos de las situaciones que a otros les pasaban desapercibidos), asumirlo era imprescindible para el progreso de la familia. Por lo tanto, lo propio era establecer un tiempo diario en el que ella expresara todo su enfado, quejas, disgusto, exigencias, amenazas, menos-

precios y demás improperios que los demás miembros de la familia escucharían atentamente, con todo respeto y sin interrumpirla, para tomar nota y ser mejores padres y hermanos.

Quedaron un poco extrañadas la madre y la hija de la prescripción que les estaba haciendo, pero acordamos dedicar media hora diaria antes de cenar para este importante acto de convivencia familiar.

–¿Y si se enfada durante el día? que será lo más probable –preguntó la madre–.

Lo propio es darle las gracias por la nueva aportación, aunque le pedís que os disculpe por no poderla atender en ese momento, pero que lo haréis con sumo gusto en la hora prefijada.

Además le pedí a la madre que hablara con el resto de la familia para que colaborasen todos, ya que era imprescindible para obtener el resultado deseado.

En la siguiente entrevista la madre explicó que en los primeros días, la joven había estado muy prolífera en las reuniones familiares exponiendo todas las cosas que le molestaban. Le había costado bastante el tener que retrasar hasta la hora prevista sus manifestaciones de enfado, de tal forma que algunos días, cuando estaba enfadada, no utilizaba su oportunidad y quedaba callada todo el tiempo, pero iba aceptando el no proyectar sus enfados en cualquier momento sobre los demás.

Le pedí que siguieran un tiempo más de la misma manera para permitir una evolución completa.

Al cabo de dos meses desde la primera entrevista, la madre me explicó que la situación había cambiado notablemente. De forma progresiva las reuniones familiares se habían convertido en un punto de encuentro deseado por todos; la joven reconoció que su forma de comportarse no tenía ya ningún sentido y pidió que participaran los demás miembros de la familia en la reunión; cada día se nombraba un moderador diferente y esto les ayudaba a aprender a discutir los asuntos. Hacía pocos días, la hija les había pedido perdón a todos por el mal comportamiento que había tenido en los últimos años. Ya se enfadaba mucho menos y no con las explosiones de ira anteriores; ella misma se reconocía más tolerante y racional cuando alguna expectativa se frustraba.

En el segundo caso, vinieron a verme unos padres que daban muestras de acusar cansancio e impotencia. El menor de sus dos hijos tenía 22 años y había dejado los estudios hacía algún tiempo; no trabajaba ni tenía intención de hacerlo, vivía a expensas de sus padres y no se retenía de llevar una vida regalada. Los padres, poco a poco, habían ido consintiendo las diferentes formas de presión que el joven había ejercido sobre ellos, de tal forma que en este momento se reconocían incapaces de influir en su hijo.

Al preguntar a los padres por sus acciones sobre el hijo, manifestaron que habían hecho de todo: le aconsejaban, le advertían, se disgustaban y le amenazaban; pero nada de eso parecía tener el más mínimo efecto. Alguna vez que se habían negado a sus demandas, la reacción del hijo era agresiva y ellos cedían a la intimidación. Por otra parte, el trato que les prodigaba siempre era déspota y despreciativo, cosa que entristecía y angustiaba a los padres al verse en una situación indigna y sintiéndose atrapados sin encontrar la salida. Últimamente, el matrimonio no andaba muy bien, acusándose mutuamente del estado de las cosas. Les costaba entender que, fuera de casa, su hijo era una persona de la que todos hablaban bien, amable, servicial y responsable en las actividades sociales en las que participaba.

La cuestión era evidente: este hijo no tomaba la responsabilidad de su vida y los padres habían consentido y reforzado paulatinamente la consolidación de esta situación. Todo lo que habían hecho con buena voluntad tratando de que el hijo razonara y se motivara para el cambio, no sólo había sido inútil, sino que les había colocado en una situación de servilismo y clara desventaja, induciendo al hijo a otro tipo de comportamiento no deseado por ellos.

Por tanto, les pedí que suspendieran el rosario de lamentaciones, consejos, quejas, discusiones y demás retóricas inútiles.

–No puedo callarme cuando veo que mi hijo lleva un camino tan negativo para su vida –me dijo la madre–, yo he de seguir luchando por él.

Le alabé esta actitud y le indiqué que necesitaba esta energía para dirigirla en otra dirección si realmente quería que su hijo cambiara.

Era necesario deshacer la dependencia complementaria que se había creado entre el hijo y sus padres; así que, si queríamos desarrollar la autonomía del hijo, había que frustrar el apoyo que recibía por parte de los padres.

–Yo no puedo abandonar a mi hijo –exclamó de nuevo la madre.

Les expliqué que su hijo cambiaría en la medida que ellos lo hicieran; si ellos no estaban dispuestos a cambiar, tampoco lo haría él.

Volví a insistir en que debían interrumpir sus discursos y exhortaciones para hacer patente la desvinculación de su proteccionismo, se trata de mostrar desinterés por cómo lleva su vida.

–Esto nos será muy difícil, lo hacemos hasta sin darnos cuenta –reconocieron–.

Este joven necesita tener la oportunidad de reflexionar por sí mismo y vosotros debéis limitaros a observar sin intervenir; él es el que tiene que tomar conciencia de lo que le conviene hacer para manejar su vida.

La segunda cosa que les pedí fue que comenzaran a realizar una serie de errores y olvidos en todo aquello que hacían por su hijo. Se trataba de que éste perdiera la confianza en sus padres. Día tras día, el hijo debía encontrarse con constantes fallos que frustrasen la posibilidad de llevar aquel tipo de vida regalada: dinero, comida, ropa, electrodomésticos, etc. Seguidamente, los padres, de forma suave y natural le pedirían disculpas pero sin corregir este tipo de acciones.

111

Paralelamente, los padres debían abrirse a participar en alguna actividad social que les ocupara tiempo fuera de casa, para que su hijo tuviera que resolverse algunos de los problemas que se le irían presentando.

La madre volvió a protestar: "Creo que no podremos llevarlo a la práctica, nuestro hijo no está acostumbrado a que sus padres le fallen, siempre le hemos apoyado. Se volverá mucho más agresivo con nosotros y pensará que nos hemos vuelto idiotas".

Volví a insistir sobre la necesidad de concentrar sus esfuerzos en realizar este programa de acciones tal y como se lo pedía para el bien de todos.

Al cabo de un mes nos volvimos a ver y confesaron que cumplir con lo que les había pedido les había resultado más difícil que lo que habían soportado hasta entonces, pero reconocían que su hijo había comenzado a experimentar una serie de cambios: Las primeras reacciones fueron agresivas, como de costumbre; luego entró en una fase de desconcierto en la que aún parecía estar. Estaba empezando a hacer cosas por sí mismo tales como prepararse algo de comida; plancharse sus camisas; se interesaba por si nos encontrábamos bien (nunca antes lo había preguntado); ayer le escuchamos una conversación telefónica en la que parecía interesarse por un trabajo.

Les felicité y les seguí pidiendo que continuaran de la misma manera hasta que el repertorio de nuevas conductas quedara instaurado en el hijo.

Con dos meses más, el hijo ya se comportaba prácticamente de forma autónoma y el trato que les dispensaba a los padres era mucho más respetuoso y, en ocasiones, hasta cariñoso.

Les pedí entonces que a partir de este momento actuaran con su hijo como si siempre hubiera sido autónomo, dando por hecho el que no les necesitaba para manejar su vida. Esto, en la práctica, significaba que debían cambiar definitivamente la imagen que

*tenían de él como persona dependiente y, con frecuencia, afirmar
y reforzar aún más su autonomía.*

Cuando se puede mirar una situación-problema tomando perspectiva, no es difícil observar la circularidad complementaria que se ha establecido entre las dos partes en conflicto. Todas las conductas disfuncionales suelen estar reforzadas por el ambiente y cumplen alguna función, son útiles para algo. Este hecho es el primero que se requiere cambiar; por lo tanto, hay que interrumpir aquellas conductas que van dirigidas a reforzar la persistencia del problema.

En segundo lugar, habrá que realizar acciones diferentes a las hechas hasta ahora, ya que no tiene ningún sentido seguir insistiendo en lo inútil; se trata pues, de encontrar acciones creativas que permitan al mal comportamiento perder su propósito y funcionalidad.

Cuando una mala conducta deja de tener sentido para su autor, tiende a extinguirse por sí sola. A nadie le gusta verse a sí mismo haciendo el ridículo, va contra su propia dignidad. Pero es necesario que la persona lo vea por sí misma; entonces, sin malgastar esfuerzos, se produce la transformación.

La nueva conducta es una consecuencia del cambio en la percepción de la situación o en el sentir que la persona experimenta respecto a ella.

Una vez se han producido los primeros ajustes hacia la dirección deseada, entonces, es necesario reforzarlos positivamente para consolidarlos y que puedan llegar a formar parte del repertorio habitual de conductas del hijo.

7: Hacia la madurez personal

Parte 2.

Parte 2.
Enfrentando los problemas más comunes.

Un maestro samurai iba de camino con su fiel discípulo y pasaron por un lugar donde vivía una familia muy pobre. La pareja y sus tres hijos vestían con ropas sucias y rasgadas.

Intrigado el discípulo por su medio de supervivencia, preguntó al padre de familia, el cual le respondió:

-Señor, nosotros tenemos una vaca que nos da varios litros de leche todos los días. Una parte de la leche la vendemos en el pueblo, y con la otra parte hacemos queso y cuajada para nuestro consumo. Así es como vamos sobreviviendo.

El maestro y su discípulo continuaron su camino; el discípulo había quedado preocupado por la familia y le preguntó al maestro cómo podría ayudarles.

-Ve a buscar la vaca —le respondió el maestro-, llévala al precipicio de allí enfrente y empújala al barranco.

El joven quedó perplejo y cuestionó al maestro, pero ante su silencio absoluto, acabó por hacer lo que le había dicho.

Pasados algunos años, el joven se sentía culpable y no pudo resistir el impulso de volver a aquel lugar para interesarse por la familia y ayudarles personalmente si hiciera falta.

Al llegar quedó sorprendido: en lugar de la barraca había una preciosa casa con jardín y un automóvil en el garaje.

Se angustió pensando que aquella familia habría tenido que vender su terreno para sobrevivir, y llamó a la casa para preguntar por ellos. El padre de familia le explicó el misterio:

-Nosotros teníamos una vaca que cayó por el precipicio y murió. De ahí en adelante nos vimos en la necesidad de hacer otras cosas y desarrollar otras habilidades que no sabíamos que teníamos; así alcanzamos esta mejor posición que ahora estás viendo.

> Comienza a manifestarse la madurez cuando sentimos que nuestra preocupación es mayor por los demás que por nosotros mismos.
>
> **Albert Einstein**

En este capítulo y en los dos que le siguen, presento algunos casos recopilados como ejemplos de aplicación de lo que he expuesto en la primera parte. Estos ejemplos han sido agrupados en tres conceptos que los identifican, pero en realidad corresponden a las quejas más comunes que los padres de hijos adolescentes expresan.

Por supuesto que no hay dos casos iguales, y la mayoría de soluciones a los conflictos que se presentan suelen ser "un traje a medida"; pero también es cierto que el conocer diferentes maneras de resolver los conflictos abre nuestra mente y nos guía en nuestra particular aplicación.

La irresponsabilidad, la apatía y la inmadurez personal, son tres rasgos típicos que el adolescente presenta en esta etapa. Si en su comportamiento se observa una disposición a colaborar y un progreso positivo, no serán motivo de preocupación; pero en el caso de que estas características se enquisten pueden desarrollar en él un determinado grado de inadaptación social.

"No asume sus responsabilidades"

Asumir la responsabilidad de la propia vida es uno de los principales objetivos que deben tener unos padres para su hijo. Muchos hijos mantienen un pulso por tiempo indefinido con sus padres en cuanto a no asumir sus responsabilidades y cargarles con ellas. Hay padres que consienten en mayor o menor medida con la irresponsabilidad de sus hijos, y algunos llegan a extremos de servilismo indigno.

El convertirse en una persona responsable es algo que, en general, se debe aprender y asimilar de manera progresiva, tal como se hace con otros valores que conforman el carácter de una persona. El joven que es responsable cuenta con una de las condiciones imprescindibles para su integración en la sociedad, puesto que podrán confiar en él, se sentirá mejor consigo mismo y capaz de asumir nuevos retos, sabiendo que llegado el momento su sentido de la responsabilidad compensará lo que le falte en su competencia personal.

Cuando los miembros de una familia tienen sus responsabilidades equilibradas y asumidas, nadie se siente perjudicado por los demás y es un factor básico para la convivencia.

La madre de una joven de 20 años estaba realmente afectada por el comportamiento de su hija. En realidad sufría un estado depresivo y vivía obsesionada intentando corregir su irresponsabilidad generalizada. La hija trabajaba en un hipermercado y todo lo que ganaba lo malgastaba en sus caprichos; en casa no colaboraba en lo más mínimo y vivía una vida licenciosa.

Como suele pasar en los casos en que los hijos no respetan ninguna norma, los padres se acusaban mutuamente de la situación y no eran capaces de ponerse de acuerdo en lo que convenía hacer. El padre optó por tomar cierta distancia, mientras que la madre vivía en un sufrimiento constante luchando con la hija mediante discusiones, sermones, control telefónico, ruegos, amenazas y continuos episodios hipocondríacos.

Lo primero que intenté al tratar con los padres fue que comprendieran cómo juntos habían construido aquella situación-problema. Aquella joven no hubiera podido encontrar mejores padres

que ellos para poder vivir ese tipo de vida, pues le proporcionaban un apoyo y estímulo incondicionales.

A la madre le costaba mucho entenderlo, (su idea central era que
los padres tienen el deber de sacrificarse por los hijos), pero a ren-
glón seguido, se lamentaba de que su hija no apreciara nada de lo
mucho que hacían por ella. Sencillamente se encontraba atrapa-
da en su propio razonamiento. Era evidente que si la madre no
cambiaba su forma de pensar y actuar con su hija, las posibilidades de cambio para la hija eran escasas.

En primer lugar, le pedí que anulara todas aquellas conductas que
demostraban ser inútiles para mejorar aquella situación. Esto significaba que a partir de aquel momento debía ahorrarse los sermones, las discusiones y los intentos vanos de controlar a la hija.

–Esto representará un sacrificio muy grande para mí —me dijo
la madre–.

–Por supuesto —le contesté–, pero ya que tu concepto de madre es el
sacrificio, necesitamos que te sacrifiques un poco más y permitas a
tu hija vivir sin la presión que ejerces sobre ella.

Además, debo pediros a los dos que os intereséis por ella como
persona más que por las cosas que debe o no debe hacer.

En general, cuando una persona se siente presionada tiende a
hacer lo contrario de lo que debería, mientras que, cuando se
siente valorada por ser quien es, se abre a colaborar.

La relación entre la hija y sus padres mejoró notablemente a los
pocos días. La hija esquivaba menos a la madre y comenzaron
a hablar de otros temas interesantes no relacionados con sus responsabilidades.

El siguiente paso consistía en que le permitieran ir tomando conciencia y responsabilidad de su vida; para ello empezaríamos por
ayudarla a desarrollar el cuidado de sus cosas personales.

Le pedí que recordara cuál había sido su actuación hasta entonces
respecto a las cosas de su hija.

–Yo soy la criada de mi hija —exclamó con tristeza y amargura. Siempre tengo que ir detrás de ella ordenándolo todo. Lavo,

plancho, limpio, compro y cocino para ella. Ella es la señora y yo su criada... a veces viene a las doce o a la una de la madrugada y me levanto de la cama para prepararle algo de comer...

–Bien; entonces, para que pueda tomar conciencia de la necesidad de cuidar de sus cosas, será necesario que lo enfrente por sí misma.

–A veces he dejado su habitación sin ordenar ni hacer la cama y no le ha importado lo más mínimo; ella puede vivir en medio del desorden cómodamente –siguió lamentándose–.

Como para esta joven era tan agradable vivir en el desorden, lo propio sería contribuir a aumentar el desorden y el descuido de sus cosas.

A la madre le costaba entender y aceptar lo que le estaba proponiendo, y más aún cuando le pedí que ella misma hiciera lo contrario de lo que había estado haciendo hasta entonces. Se trataba de mezclar ropa limpia con otra sucia, desordenar más su armario, esconderle cosas que dejara fuera de su lugar, no plancharle su ropa, no darle ninguna atención extra ni en la comida ni en los jabones y colonias que le exigía... en fin, cambiar la conducta de servilismo por otra más racional y orientada a ayudarla a interiorizar la necesidad de valerse por sí misma.

Le sugerí además que esta forma de actuar debía ponerla en práctica progresivamente, de manera pacífica, y que pareciera involuntaria, como simples descuidos de quien está ocupado en otras cosas. Si la hija le reclamaba algo, simplemente debía disculparse, pero seguir de forma consistente con ese comportamiento. Por otra parte, cada vez que la hija tuviera alguna conducta responsable, ella debía expresarle de forma moderada algún tipo de reconocimiento.

Le costó algún tiempo a la madre poner en práctica lo que le pedía, pero llegó a actuar como una experta en el arte de la persuasión silenciosa y pacífica, de tal forma que, pasando los días, la hija comenzó a dedicar tiempo a organizar las cosas de su dormitorio, planchaba su ropa, un día se levantó con la necesidad de limpiar a causa de haber encontrado una araña en su habitación. Más adelante, le propuso a la madre colaborar con algo de su sueldo y aumentó su reconocimiento por ella, de forma que le compartía sus experiencias y salían juntas de compras.

Algunas sugerencias para los padres:

- Hablad de la responsabilidad como un valor por medio del cual, el que lo desarrolla es sin duda el primer beneficiado.
- Interrumpid aquellas conductas que son inútiles para potenciar responsabilidad de vuestro hijo, pues seguro que están contribuyendo al efecto contrario; esto incluye los sermones y vuestras acciones para suplir lo que él no hace por sí mismo y debería hacer.
- Es necesario que se enfrente con las consecuencias de sus conductas para poder tomar consciencia e interiorizar la necesidad de cambio.
- Si estáis a tiempo y en casa hay unas normas establecidas en cuanto a las responsabilidades de cada uno, las consecuencias deben ser coherentes con las normas y propiciar la disposición a la responsabilidad.
- Hay que reforzar positivamente con un reconocimiento moderado las acciones responsables que hace el hijo. Todo aquello que genera un sentimiento positivo tiende a repetirse y establecerse.
- Puede organizarse un tiempo de tareas en el que todos colaboran y mutuamente se estimulan a cubrir las necesidades funcionales del hogar, evitando así que recaiga sólo sobre algunos y ayudando a que todos tomen conciencia de su necesidad.
- Se debe tener presente que toda conducta irresponsable tiene una o más causas que la propician; por tanto, hay que tratar de empatizar con el hijo y averiguar cuáles son. Esto ahorra tiempo, esfuerzos y disgustos inútiles.
- Llegar a acuerdos es fundamental para que nadie se sienta injustamente tratado y pueda cumplir con su responsabilidad de buen grado.

"Está muy apático"

La apatía no parece ser propia de una persona joven, precisamente cuando cuenta con más capacidad de generar acción y energía. Más bien hay que pensar en la falta de motivación para estar activo, relacionarse y asumir sus responsabilidades. Se muestra como si sus estados emocionales se hubieran esfumado y experimentara un desinterés generalizado.

En ocasiones el joven puede estar pasando un estado depresivo y presenta además síntomas tales como la falta de apetito e ideas suicidas, por los sentimientos de culpa y de incapacidad para afrontar la vida. En estos casos, lo adecuado será consultar a un especialista.

Dentro de la calificación de adolescentes apáticos hay diferentes tipos, unos mejor adaptados que otros en cuanto a su experiencia personal, pero todos ellos con el denominador común de presentar un comportamiento disfuncional.

"Mi hijo es muy casero". Es el adolescente que se refugia en los libros, la música, el ordenador, o llena su tiempo libre con cualquier otra actividad en el ámbito de la familia.

"Mi hijo es un comodón". Su temperamento suele ser apático y por pereza se aficiona a las ventajas que le ofrece su hogar: estar tumbado en la cama, ver la televisión, comer golosinas y jugar a los videojuegos, quedándose en casa sin plantearse otras actividades.

"Mi hijo cae mal". Algunos no salen porque son rechazados por el grupo. No caen bien ni gustan, parece que repelen a los demás. Les califican de engreídos, llaman constantemente la atención y son inoportunos o agresivos.

"Mi hijo está acomplejado". Los complejos son muy normales en los adolescentes y, hay quien los sufre en mayor medida que otros. El que se siente inferior y poco capaz, suele tender a retraerse y huir del contacto con los demás. Si intenta enmascarar su complejo con aires de superioridad y grandeza, por lo general potencia los sentimientos de rechazo por parte de los compañeros.

"Mi hijo es muy tímido". Suele sentirse inseguro de sí mismo y se refugia en casa donde se encuentra seguro por el cariño y la aceptación que recibe. El tímido es diferente de los anteriores, porque su conducta está relacionada con un estado de ansiedad que el adolescente experimenta en situaciones sociales.

Una madre me decía de su hijo que le ponía enferma:
—No hace nada y siempre dice que está cansado; no puedo entenderlo. No hay forma de que se levante por la mañana para ir al instituto; necesita un gran esfuerzo para abrir un libro y mucho más esfuerzo para leerlo. Puede pasarse horas en la cama escuchando música o mirando al techo. No se siente bien en ningún ambiente, los estudios le aburren, la familia le irrita, no le gusta el deporte y sólo está lleno de fantasías, como la de ser un gran cantante o un famoso explorador, aunque es incapaz de mover un dedo para conseguirlo.
La cuestión en este caso era que ella y su marido tenían expectativas muy altas sobre el hijo, que por el momento no estaba cumpliendo. Temían que su hijo desertara del instituto y no fuera una persona bien adaptada socialmente, así que intentaban "activarle" con premios, castigos y otros métodos, pero cada vez parecía estar más apático y cerrado en sí mismo.
Al ponerme en contacto con el joven pude averiguar que tenía inquietudes artísticas y una cierta riqueza interior. Lo compartí con los padres, los cuales menospreciaron estos valores alegando que no servían para conseguir una buena posición.
Traté de hacerles entender que su hijo no se movía porque no tenía la motivación para hacerlo; continuando así, podían destruirse juntos en el intento. Era necesario aprovechar lo que estaba "vivo" para poder activar más adelante todo su potencial.
De común acuerdo los padres inscribieron al hijo en una escuela de dibujo, pintura y diseño, donde él pudo entrar en un nuevo

ámbito y conocer a otros jóvenes como él, con inquietudes similares. Al cabo de poco tiempo, había cambiado sustancialmente en todos los aspectos: se había vuelto más comunicativo con los padres, les hablaba de sus trabajos en la escuela, comenzó a relacionarse con sus compañeros y decidió matricularse el siguiente año en el plan de estudios oficiales de diseño gráfico. Sus preferencias profesionales se estaban definiendo, y sentía que estaba en un mundo lleno de oportunidades en el que quería abrirse camino.

En otra ocasión, tenía ante mí una joven con sus padres, los cuales estaban muy preocupados por ella, ya que parecía incapaz de encontrar aceptación social. El tutor del instituto decía que la chica se alejaba de sus compañeros y que éstos tenían de ella una opinión negativa: la consideraban una persona cargante, crítica con todo y con todos, intentando presentarse siempre como superior a los demás. A causa de todo ello, se pasaba todo el tiempo refugiada en casa, cayendo progresivamente en un estado de dejadez, aburrimiento, tristeza y, últimamente, comía más de la cuenta.

Al preguntarle a ella se quejó de sus compañeros, de sus conversaciones, de su inmadurez, de sus aficiones, y de cómo se comportaban con ella. En definitiva se daba una situación de mutua exclusión entre la joven y sus compañeros.

Había algunos factores que influían de forma clara en los sentimientos y la forma de comportarse de aquella joven. El padre era una persona muy ocupada durante la semana, y los fines de semana los pasaban en una segunda residencia donde se relacionaban con un grupo de amistades de su mismo nivel económico. Por otra parte, la madre le dedicaba una atención especial al pequeño de los tres hijos a causa de una afección que sufría. Era evidente que la autoestima de la joven no se encontraba en el mejor nivel, ni sus padres habían reparado mucho en la necesidad de ayudarle a desarrollarla.

Una vez los padres tomaron conciencia de la necesidad de la joven, y de la proyección que estaba haciendo hacia sus compañeros de su malestar interior, se avinieron a realizar unos ejercicios prácticos que pudieran ayudar a la hija a cambiar sus sentimientos y comportamiento.

Les pedí a los padres que, por su parte, intentaran salir de la inercia del "dar por supuesto". Ellos tenían asumido que amaban a su hija, porque no le faltaba de nada; si alguna cosa deseaba, sólo debía pedirla para obtenerla. Comparándola con otras de sus compañeras podía sentirse muy afortunada. Pero en realidad, estaban ignorantes de sus necesidades más esenciales. A partir de este momento se relacionarían con su hija como si fuera una persona importante. Se trataba de dedicarle la atención, el interés, la valoración, solicitarle su opinión y consejo, expresarle sus sentimientos, compartir planes y responsabilidades. En definitiva, su hija debía pasar de la posición de estar a la de ser con respecto a ellos.

A los pocos días volví a verme con los padres y me confesaron que se habían quedado sorprendidos de la cantidad de cosas que habían descuidado con su hija al tomar conciencia desde esta nueva perspectiva. Ahora podían comprender el por qué la joven se comportaba de manera tan insatisfecha, crítica e insociable. Siempre estaba tratando de compensar su falta de valoración con cosas materiales, menospreciaba a los demás para sentirse menos indigna y ante el lógico rechazo de los compañeros se aislaba, se aburría y se deprimía.

Por otra parte, se le pidió a la joven que dedicara un tiempo cada día a pensar e imaginarse que era una chica simpática y popular entre los compañeros. Se trataba de que descubriera por sí misma las importantes diferencias que había entre lo que ella había hecho hasta ahora, y lo que haría si fuera una persona querida por los demás.

La joven era una persona inteligente y la próxima vez que nos vimos había avanzado mucho en su trabajo. Progresivamente tomó conciencia de que estaba haciendo todo lo contrario de lo que debía hacer: ella era la primera que no aceptaba a los demás, ni les reconocía sus aspectos positivos; simplemente se sentía mal y lo proyectaba hacia afuera, y esto mismo se volvía contra ella.

Pero entonces comenzó a recibir de sus padres amor y valoración, una nueva experiencia para ella. Ahora sólo tenía que aprender a canalizarlo. Así que le pedí que cada día se propusiera realizar una acción impulsada por el amor con alguna de sus compañeras. Su

*vida fue cambiando positivamente al recibir y canalizar lo que es-
timula y enriquece. Ya no necesitaba ser tan crítica y despreciativa,
tampoco tenía que tratar de quedar por encima de nadie. Durante
el proceso de intervención se sintió aceptada por sus padres, se aceptó a ella misma, y aceptó a los demás.*

Algunas sugerencias para los padres:

- Los padres deberían comenzar a preocuparse si el chico o la chica llega a la adolescencia superior sin haber superado este tipo de
problema. Es natural en esta etapa pasar periodos de retraimiento,
soledad y aburrimiento; pero si no se superan de forma natural,
indica que hay algún problema de fondo.
- Forzar al hijo a salir o reprocharle su actitud no suele dar resultado.
- Lo importante es averiguar por qué se refugia en casa: ¿ansiedad?,
¿inseguridad?, ¿timidez?, ¿apatía? o ¿rechazo?. Detectar la causa
enfoca la solución correcta.
- La sobreprotección contribuye a potenciar la apatía y el aislamiento
en los hijos.
- Es necesario confrontar al hijo con sus responsabilidades. Éstas no
son opcionales, nadie debe cargar con ellas por él. Las personas, en
general, cuanto menos hacen, menos ganas tienen de hacer.
- Las normas deben ser respetadas por todos.
- Hay que observar en qué forma la conducta del hijo está siendo reforzada por los padres; eso suele pasar sin que éstos se den cuenta.
- En la mayoría de los casos, estos comportamientos reflejan la falta
de autoestima y de habilidades sociales del adolescente. Es fundamental ayudarle a desarrollar su autoestima, pues la valoración más
esencial necesitan recibirla de los padres. Si se sienten aceptados
por los padres, podrán aceptarse a sí mismos.
Cuando el hijo se sienta bien consigo mismo le será más fácil abrirse a los demás de forma positiva y sin proyecciones.

- Tratar de conocer sus valores naturales y potenciarlos aumentará su nivel de motivación para realizarse personalmente.
- Una manera de estimular a un joven es darle las oportunidades para obtener éxitos en situaciones que sabemos que le son favorables.
- Es conveniente fomentar la apertura social: la preocupación por los demás; el desarrollo sus cualidades, aptitudes o aficiones con personas afines.

"Es un inmaduro"

Cuando unos padres hacen referencia a la inmadurez de su hijo o hija, por lo general quieren decir que sus conductas no son propias de la edad que tiene. Los referentes suelen ser los jóvenes de su edad o los mismos padres comparándose con su hijo cuando tenían su misma edad.

En este punto no se hace referencia a la inmadurez orgánica, la cual ya se da por supuesto que debe ser tratada por el especialista adecuado.

La forma de razonar y de reaccionar emocionalmente que el adolescente presenta es la que suele preocupar a los padres. En estos casos, es muy típico que se construyan entre los padres y el hijo los círculos de complementariedad negativos, de tal manera que, cuanto más inmaduro es el comportamiento del hijo, más le tratan sus padres como a un niño, reforzando así sus carencias en el desarrollo psicológico.

Aunque el comportamiento inmaduro en un joven puede producirse por diversas causas, vamos a considerar la que depende de la interacción que se establece entre él y el ambiente que le rodea.

Una mujer se quejaba de la inmadurez de su hija de 16 años.
–En muchas cosas se comporta como si tuviera 9 o 10 años –me explicaba–; su hermana, que tiene 11 años, es mucho más madura que ella en la manera de manejar las situaciones diarias. Cuando tengo que decirle "no" a alguna de sus peticiones, reacciona como una niña pequeña gritando y llorando, hace las cosas sin pensarlas y luego se lamenta cuando le salen mal, se ilusiona y desanima

con mucha facilidad, las cosas pueden ser muy maravillosas o muy horribles, su lógica de razonamiento es ilógica, su vida está polarizada por el placer inmediato, tiene miedos injustificados...

En su conversación, la madre siguió por algún tiempo describiendo las particularidades de su hija, que venían a dar la imagen de una niña con un cuerpo de mujer, moviéndose en un contexto de jóvenes con intereses y conductas propias de su edad, lo cual le creaba numerosos conflictos, sufriendo un nivel de inadaptación importante tanto social como familiar.

Al preguntarle a la madre por su forma de tratarla, me confesó que se daba cuenta de no hacerlo bien:

–Se porta como una niña y yo no soy capaz de tratarla de otra forma; aunque me lo propongo no lo consigo, y sé que así no la ayudo. He observado que cuando está con otra gente no se comporta igual que conmigo, parece que es más adulta.

El primer aspecto que comencé a trabajar fue el relativo a tomar consciencia sobre las conductas negativas que realizaban los padres y la hija. Para tomar consciencia no suele ser suficiente que alguien diga lo que está mal, es necesario que las personas lo experimenten y lo interioricen por sí mismas para que pueda producirse un cambio.

Así pues, se escogió tratar las discusiones que les llevaban a descontrolarse y gritar de manera histérica. La propuesta que aceptaron todos de buen grado fue la siguiente: cuando cualquier miembro de la familia comenzara a levantar el tono de la voz, su interlocutor debía automáticamente bajar el suyo de manera que, cuanto más gritara el que estaba alterado, más flojo debía responderle el que aún no lo estaba.

En la siguiente entrevista, aunque admitieron que alguna vez se les había pasado, dieron testimonio de haber experimentado un cambio notable. La hija expresó lo siguiente:

–Antes, cuando mi madre me decía que no gritara, me daban más ganas de hacerlo y lo hacía con más fuerza. Ahora, al responderme

más suave sin decirme lo que tengo que hacer, me doy cuenta de que estoy levantando innecesariamente la voz, y siento vergüenza y me controlo al momento. Cuando me acuerdo, yo también se lo hago a mi madre y acabamos las dos riendo.

Otro de los aspectos que los padres necesitaron entender fue el permitir que su hija enfrentara las situaciones tomando sus decisiones, y que asumiera las consecuencias de sus conductas. La imagen que los padres tenían de su hija era demasiado infantil y les llevaba a actuar de manera sobreprotectora. De esta manera, la joven reforzaba su dependencia y no desarrollaba su autonomía personal. Se les propuso a los padres que cuando ella les requiriese para que le dijeran lo que tenía que hacer, ellos respondieran con evasivas o respuestas incorrectas, para que la joven no delegara la responsabilidad en sus padres, sino que fuera tomando la iniciativa por sí misma.

Los primeros días ella se molestó, pero pronto comprendió que debía dejar de apoyarse en su madre. Uno de los incidentes que ocurrieron fue el siguiente: la chica, como solía hacer, le preguntó a la madre qué ropa debía ponerse para una fiesta de aniversario que celebraba una compañera. La madre le aconsejó una ropa que no era adecuada intencionadamente; la hija, aunque dudando, se la puso y luego volvió a casa molesta porque había llamado la atención.

–No te voy a preguntar más por la ropa que me he de poner, tú no tienes ni idea de lo que llevan las chicas de mi edad –le dijo a su madre–.

De esta forma, fue descalificando a sus padres para tomar por sí misma sus propias decisiones y, por supuesto, comenzó a enfrentar también sus consecuencias. Estas mismas consecuencias le iban enseñando lo que era más conveniente.

Seguimos con otra de las "virtudes" de la joven que cargaba mucho a la madre: la falta de cuidado por sus cosas personales, el orden en su habitación y, en general, la responsabilidad sobre su vida diaria y las tareas que debía llevar a cabo. La madre continuamente debía estar pendiente de ella por lo dejada que era en todo. Aunque la madre se quejaba, la joven no se preocupaba lo más mínimo; en el fondo sabía que no hacía falta: su madre no permitiría que nada fallase.

Se le pidió a la madre que ayudara a su hija potenciando sus conductas disfuncionales. Por ejemplo, si la joven dejaba la habitación sin ordenar, en lugar de ir ella a ordenarla, debía desordenarla más. Si la hija se dejaba una cosa en lugar inadecuado, la madre tenía que hacerla desaparecer (Siempre alegando que, últimamente, no se centraba mucho en las cosas que manejaba, por lo cual, le rogaba que la disculpara y no confiara mucho en ella como lo había hecho hasta entonces).

El resultado fue sorprendente. La joven no sólo comenzó a tener cuidado de sus cosas, sino que comenzó a tener detalles con la madre, organizándole las suyas y dándole buenos consejos, ya que en ocasiones encontraba prendas de la madre en su propio armario.

Con algunas estrategias más de este tipo, se consiguió que la hija fuera cambiando de manera espectacular y, en seis meses, pasó de tener un comportamiento generalizado de inmadurez, a otro responsable y más maduro que otras jóvenes de su edad.

Algunas sugerencias para los padres:

• Una de las diferencias más significativas entre la persona con madurez y la que carece de ella es la siguiente: la persona madura pone en primer lugar lo que debe hacer y en segundo lugar lo que le gusta hacer, la persona con inmadurez lo hace al contrario.

Lo que mueve a actuar a la persona madura son los valores adquiridos; en cambio, lo que motiva al inmaduro es su parte más instintiva.

• La adquisición de los valores se realiza por medio de un aprendizaje teórico-práctico y, como todos los aprendizajes, requiere algún tiempo. No es suficiente "decir" las cosas, hay que "entrenar" al hijo para que sea una persona responsable, ordenada, buen administrador de su tiempo o de su dinero. Algunos valores el hijo los va adquiriendo de forma natural, pero para otros habrá que establecer un plan de acciones que lleven a conseguir este fin.

- El proteccionismo de los padres es uno de los grandes enemigos para el desarrollo de la madurez de los hijos. Los padres deben ir delegando en sus hijos de manera progresiva la responsabilidad de sus propias vidas, si no quieren convertirlos en personas dependientes. Esto significa que los hijos deben saber qué hacer, y cuáles serán las consecuencias que tendrán que asumir en caso de no hacerlo, o de no hacerlo bien.

- Potenciar el desarrollo de la consciencia de lo que se decide y se hace, así como de las consecuencias que puede conllevar. Una buena forma de hacerlo es indicándole al adolescente que lo verbalice, por ejemplo: "Decido no colaborar y privarme esta tarde de salir con mis amigos para aburrirme en casa". Generalmente, al hacerlo, suele haber una reacción positiva, pues a nadie le gusta sentirse como un tonto.

8: Construyendo las relaciones interpersonales

Parte 2.

Una adolescente preguntó a su padre:

-¿Cómo es que las cosas se enredan con tanta facilidad?

-¿Enredan...? –preguntó el padre-.

-Sí, cuando las cosas no son perfectas y se desordenan tan fácilmente.

-Muéstrame cómo son las cosas cuando son perfectas –le pidió el padre a su hija-.

Ella recolocó todo lo que estaba sobre la mesa de su habitación y le dijo:

-Ahí lo tienes, ahora está todo perfecto, pero no permanecerá mucho tiempo de este modo.

-¿Y si muevo 15 centímetros tu caja de pinturas hacia este lado?

-Ya está enredado –respondió la joven-, la caja tendría que estar recta.

-¿Y si coloco este cuaderno junto con los otros?

-Estaría liado con los demás cuadernos

-¿Y si el libro estuviera parcialmente abierto? –siguió preguntando el padre-

-Eso también estaría desordenado.

-Cariño –le dijo finalmente el padre-, no es que las cosas se desordenan con facilidad, lo que ocurre es que tú tienes muchas formas de que las cosas se enreden, y solamente una para que sean perfectas.

Gregory Bateson

> En el fondo son las relaciones con las personas lo que da sentido a la vida.
>
> **Karl Wilhelm Humboldt**

El nuevo sistema de relaciones que desarrollará el adolescente requiere un aprendizaje, el cual tendrá que realizar por sí mismo asimilando nuevos conceptos y maneras de comunicarse y expresarse. Como aún carece de los recursos necesarios para hacer frente a algunas situaciones, su manera de reaccionar, protegerse o superarlas puede incomodar o preocupar a los adultos, que no siempre estarán acertados con él.

La ausencia de comunicación, la mentira y las relaciones sexuales son tres temas que preocupan a muchos padres y los he escogido como referencia para proporcionar algunos ejemplos y pautas de actuación para este tema.

Es difícil comunicarse

La comunicación es fundamental para el buen funcionamiento de las relaciones familiares, sin comunicación no hay experiencia de familia. Hay padres que tienen la sensación de administrar el hostal donde se hospeda su hijo. La imposibilidad de establecer una comunicación fluida es frecuente, produciéndose distanciamiento e incomprensión que hacen la convivencia más difícil y menos gratificante.

No hay cosa que más deseen muchos padres que poder conversar con sus hijos y brindarles un trato amistoso y enriquecedor, pero cuanto más lo intentan menos lo consiguen. Los diálogos suelen ser muy breves y de carácter informativo, y si los padres intentan generar una conversación, el hijo se molesta y se pone arisco.

En general hay aspectos en la relación que han contribuido a desarrollar esta situación y la siguen manteniendo.

–Nuestro hijo era muy abierto, hablábamos de todo y nos lo pasábamos muy bien, pero en el último año ha cambiado. Nos evita; cuando comenzamos a hablarle, cambia de habitación, sube el volumen de la televisión o nos dice que ése no es el momento. Nos acusa de ser pesados y nunca podemos tratar ningún asunto con él.

Al analizar un poco la situación pude observar cómo los padres no habían propiciado un clima de diálogo y confianza con su hijo y, después de que éste se había distanciado, cada intento por parte de ellos más bien reforzaba la situación.

Les hablé del concepto de la empatía y me reconocieron que habían estado más pendientes de sí mismos que de como pudiera sentirse su hijo. Daban por supuesto que según la ocasión habría podido sentirse bien o mal, pero ellos nunca lo habían considerado una prioridad.

Las reacciones de los padres a lo que el hijo les había compartido no siempre habían sido constructivas; admitieron que quizás pudiera haberse sentido ridiculizado, incomprendido y tratado con desconsideración.

Los padres no daban opción al hijo cuando éste les presentaba algo que no encajaba en sus esquemas, y no negaban que éste pudiera sentir temor o desinterés a la hora de hablarles de sus inquietudes o actividades.

Los intentos actuales de los padres para conversar parecían interrogatorios que el hijo contestaba con monosílabos. Habían probado a rogarle, a menudo le expresaban sus quejas y hasta alguna vez le habían amenazado por no querer hablar con ellos. Nada de todo ello había conseguido mejora alguna en la situación.

El primer paso era acabar con la dinámica actual por parte de los padres, ya que seguir persistiendo en sus acciones no motivaba al hijo para cambiar su conducta.

Les pedí que dieran un nuevo enfoque a la actitud del hijo, en el sentido de valorarla positivamente. A partir de ahora, le agradecerían el que no conversara, pues les daba mayor oportunidad a ellos para hablar con los demás miembros de la familia; le reconocerían su nivel de madurez y consideración, pues, ya no necesitaba preguntar las cosas como antes ni reclamar su presencia y atención.

De esta manera, no había necesidad de que el hijo les esquivase más ni se incomodara porque alguien quería forzarlo a mantener una charla.

Por otra parte, necesité que los padres tomaran conciencia de la importancia de algunos aspectos básicos en la comunicación.

Algunas sugerencias para los padres:

- La comunicación es uno de los mejores medios para transmitir el amor que sentimos hacia nuestros hijos y hay muchas maneras de hacerlo.
- Es imprescindible que el hijo se sienta escuchado y, para ello, hay que tener interés real en lo que nos está diciendo, pero sobre todo dedicarle nuestra atención por ser quien es.
- Es necesario que se sienta valorado; lo que nos dice es importante para él, y como tal debe ser manejado. De lo contrario, posiblemente nos descalifique como interlocutores válidos para él.
- Si nuestras reacciones han podido infundirle temor, se ha sentido ridiculizado, dolido o indignamente tratado, su motivación por compartir sus cosas con nosotros decrecerá.
- Una mente cerrada y rígida hace difícil la comunicación abierta y fluida, provocando el mismo tipo de posicionamiento en la otra parte.

- Lo propio es que el hijo pueda sentir a sus padres cercanos, que los vea como esencialmente semejantes a él, con sus valores y debilidades, con la capacidad de escuchar y hablar los temas sin alterarse ni perder el control, dispuestos a llegar a acuerdos, siempre alimentando un clima de confianza y comprensión, con criterios constructivos y sabiendo que cuentan con el apoyo que necesitan para madurar y desarrollarse.

Progresivamente, el hijo fue acercándose de nuevo a los padres. Ya no necesitaba distanciarse de ellos ni evitar el diálogo; podía estar cómodo a su lado sintiendo la aprobación de ellos y no la constante queja y exigencia de antes; la actitud que sostenía fue extinguiéndose porque ya no tenía sentido.

Por su parte, los padres se abrieron a una nueva manera de comunicarse en la familia, cosa que al hijo le ayudó a volver a poner su confianza en ellos. Ahora, cuando hablaban o discutían algún tema, tenían en cuenta al otro.

El hijo pidió a sus padres poder verme cuando la relación se había restablecido, y se mostró agradecido por haber recuperado a sus padres.

–Mis padres pasaron una mala época –me dijo el joven–; se portaban como niños incapaces de razonar, no podía tener una conversación interesante con ellos y por cualquier cosa se ponían histéricos. Ahora podemos hablar como adultos.

"Nos miente"

Muchos padres se encuentran de pronto con el desencanto de comprobar que su hijo o hija les miente. La mentira siempre rompe la confianza y afecta notablemente a la relación. La duda y la inseguridad toman su protagonismo y puede comenzar un juego de vigilantes y vigilados.

Todos los padres desean construir una sólida confianza entre ellos y sus hijos, una comunicación basada en la sinceridad, y disfrutar de la seguridad que supone la lealtad en los acuerdos.

Para alcanzar este nivel de relación hay que trabajarlo en el día a día y, sobre todo, en aquellos momentos en que el hijo vive experiencias que los padres pueden no aprobar.

Unos padres profundamente dolidos con su hijo de 15 años me expusieron su última experiencia. En una reunión con otros padres para tratar problemas típicos de adolescentes, el padre había hecho gala de los valores morales que se enseñaban en su familia y cómo, a consecuencia de ello, su hijo era un joven ejemplar.

Uno de los asistentes le dejó que disfrutara con su exposición y seguidamente le informó sobre su hijo, el cual, junto con otros hijos de los padres que allí se encontraban, se ausentaban de clase, fumaban, bebían y les habían pillado robando en un hipermercado.

Estos padres quedaron atónitos al escuchar aquel testimonio, y al llegar a casa lo contrastaron con su hijo, que por supuesto lo negó totalmente por varias veces, hasta que pudieron hacerse con las pruebas necesarias.

Traté de hacerles entender que cuando un miembro de una familia presenta problemas, lo propio es analizar en primer lugar la estructura, el ambiente y la dinámica de las relaciones familiares, donde suele encontrarse buena parte de las causas que facilitaron la generación del problema.

Tal como el padre había dicho en la reunión, en su familia se daba especial importancia a los valores morales, pero desde una posición de rigidez religiosa. Esto significaba que en casa se criticaba y condenaba una serie de actividades y conductas que hacían los compañeros del hijo adolescente. Sus planteamientos y reacciones cuando se hablaba del tema eran muy radicales y creaban un clima de fuerte descalificación y rechazo.

Todo ello propiciaba dos cosas: la primera era que si aquel tipo de compañeros le ofrecían algo atractivo tenía mayor riesgo de aceptarlo, pues "la fruta prohibida es la más deseada". La segunda era que si tenía alguna experiencia con esos compañeros, no se atrevería a compartirlo en casa por temor a la reacción de los padres.

Los padres habían determinado sancionar duramente a su hijo por dos razones: una por todo lo que había hecho, y otra, por haberles engañado mientras llevaba la doble vida y después negándolo cuando se lo preguntaron.

También intenté hacerles ver que las sanciones no suelen acabar con este tipo de problemas, sino que potencian la generación de nuevas mentiras en el futuro.

La salida a la situación estaba en otra dirección: era necesario construir la mutua confianza y transformar la rigidez en amor.

No fue nada fácil para los padres reconocer que ellos eran corresponsables de la situación a la que se había llegado y, por tanto, se requería realizar un trabajo conjunto para cambiar conceptos y actitudes que habían potenciado lo que se deseaba evitar.

Por otra parte, el hijo tampoco estaba nada satisfecho con lo que había ocurrido, y se sentía muy triste y avergonzado. Entendía que aquellos compañeros no andaban por el mejor camino, pero le atrapó la sensación de libertad que experimentó cuando estaba con ellos haciendo todo lo prohibido.

Trabajamos juntos para que los padres pudieran mirar a los que no tenían sus mismos valores con amor, y hablar de ellos sin condena y con misericordia. Fue necesario apelar a sus principios espirituales y ayudarles a vivirlos en la práctica con los que no pensaban como ellos.

Eso permitió cambiar el tono de las conversaciones que se tenían en casa. Los principios morales que trataban de transmitir los padres fueron vistos por los hijos no desde la perspectiva de: bueno - malo, inocente – culpable, aceptación – rechazo, sino desde la realidad de las circunstancias en que las personas están inmersas y no disponen de las mismas oportunidades para desarrollarse y madurar positivamente.

Desapareció del clima familiar la sensación de rigidez y aumentó el nivel de confianza entre los padres y el hijo, sorprendiéndose agradablemente cuando un día, sin proponérselo, tuvieron una conversación sobre sexo, tema que había sido tabú hasta entonces.

Algunas sugerencias para los padres:

- No es tan importante la mentira en sí misma, como lo es el llegar a conocer la razón por la que se ha mentido. En general, detrás de una mentira hay un temor a decir la verdad; las personas no tienen necesidad de mentir si no temieran las consecuencias.
Un joven miente a sus padres sobre una conducta, pero no lo hace al compartirla con uno de sus amigos: con éste tiene la confianza de poder hacerlo sin temer a ninguna consecuencia negativa para él.

- Hay que ir con mucho cuidado al sancionar una mentira, porque puede preparar el camino para que se produzca la siguiente. No suele ser por esa vía como se elimina la posibilidad de mentir.

- El factor clave para que los hijos no mientan a los padres se halla en el nivel de confianza que se ha construido a través del tiempo entre ellos. La mejor forma de asegurar que un hijo no mienta es eliminar la necesidad de hacerlo.

- Cuando unos padres han de enfrentar una mentira de su hijo, siempre es más útil hacer un autoanálisis para tratar de descubrir qué parte de responsabilidad pueden tener en el asunto.

- La rigidez y la radicalidad en las concepciones sobre la vida cierra la predisposición por parte del hijo a compartir lo que sabe de antemano que sus padres no podrán entender ni aceptar. Mucho más cuando los padres suelan tener reacciones fuertes respecto a aquello que rechazan.

- Ver a los demás con espíritu de misericordia, y no a través de la crítica y la condenación, coloca a los hijos en una posición de libertad y no de represión, por lo que desaparece el impulso inconsciente y reactivo de probar lo prohibido.

- Es muy importante considerar la primera mentira como una oportunidad de crecer juntos y mejorar la relación. Si el hijo descubre a sus padres con esta actitud, deja de tener sentido mentir, pues pierde su utilidad.

"Creemos que nuestro hijo practica el sexo"

Cuando los padres se mueven en este nivel de ambigüedad, los hijos no discriminan con claridad los valores que ellos les han tratado de transmitir.

¿Se puede tener relaciones sexuales sin estar casados? ¿Se puede practicar el sexo sin que exista ningún sentimiento de amor? ¿Qué ocurre si la adolescente queda embarazada? ¿Hay algún problema en realizar un aborto provocado? ¿Qué inconveniente hay en tener dos relaciones simultáneas y practicar el sexo con ambas? ¿Qué tipos de prácticas sexuales están bien y cuáles no lo están?....

Podríamos continuar con infinidad de preguntas que los jóvenes no han compartido con sus padres, debiendo tomar otros referentes.

Se entiende que cada familia podría dar diferentes respuestas a estas preguntas, ya que los valores morales no son los mismos, ni siquiera dentro del mismo ámbito de ideales. Por ejemplo, dentro del cristianismo encontraríamos diferencias muy notables entre personas pertenecientes a sectores fundamentalistas católicos o liberales.

A muchos padres les resulta violento hablar con sus hijos de los temas sexuales; nadie habló con ellos cuando eran jóvenes y han salido adelante. Por supuesto que saldrán adelante también los adolescentes de hoy, pero la cuestión es *cómo*.

Hace poco tiempo estaba en una terapia de grupo sistémica de Constelaciones Familiares; por medio de ella pueden verse las consecuencias negativas que sufren otros miembros de la familia de la misma generación o de otras generaciones posteriores cuando se realizan actos que interrumpen la vida de un ser humano, tales como un aborto provocado. Después de terminar la sesión, la gente del grupo quedó muy interesada preguntando sobre el tema. Entre los asistentes había un joven de 24 años de edad que se mostraba un poco inquieto y antes de terminar hizo acopio de valor y explicó su malestar:

-Yo he tenido varias parejas; tres de ellas quedaron embara-
zadas y las obligué a abortar; a la última pareja, la he hecho
abortar tres veces.
-¿Has hablado del tema sexual alguna vez con tus padres? —Le
pregunté-.
-Nunca —me contestó-.
-¿Has leído algún libro formativo?
-No. Lo que sé de sexo es por mi propia experiencia y por lo que
hablamos con los amigos.
-Y, ¿de qué habláis con los amigos respecto a este tema?
-Pues, todos presumimos de grandes cosas.
-Y, ¿de qué presumes tú?
En este momento, bajó la cabeza y se puso muy triste, sus ojos se
humedecieron. Quedamos en silencio durante un minuto y luego
soltó un taco... y continuó:
-Hasta hoy, presumía de tener más abortos en mi cuenta que
los demás.

Una acción que me sorprendió fue la que hizo una madre con su
hijo adolescente de 16 años cuando hizo el viaje de fin de estu-
dios: le puso una caja de preservativos en la maleta.
-¿Para qué?
-Por si acaso.
-Pero, ¿has hablado del tema con tu hijo?
-No.
-Entonces, ¿tiene sentido ponerle la caja de preservativos?
-Hoy no es como antes; todos los jóvenes tienen relaciones sexua-
les muy pronto y no quiero que deje a nadie embarazada.
Muchos aplaudirían a esta madre previsora, pero es muy triste
que un joven se encuentre en su maleta con una caja de preser-
vativos y no se le haya acercado el padre ni la madre a interesarse
por lo que él piensa sobre el tema.

Muchos adultos aprenden finalmente que la actividad sexual es más satisfactoria cuando es fruto de una relación basada en el afecto y la admiración mutua. Por el camino, la usaron de forma interesada, buscando el beneficio propio a expensas de la otra parte, sin preocuparles el daño que podían llegar a causar.

Una chica de 17 años sufría un estado depresivo. Me contó que se había enamorado de un chico algo mayor que ella, el cual parecía quererla mucho. Al cabo de poco tiempo comenzó a proponerle relaciones sexuales, pero ella se resistía porque sentía que era demasiado pronto y le hacía ilusión disfrutarlas con plenitud en una situación de pareja.

Él trató de convencerla del "error" en el que se encontraba: nadie espera a ser pareja para tener relaciones sexuales.

Ella seguía resistiéndose alegando que para ella el sexo no era un juego, sino una experiencia con un significado especial.

Día tras día el chico seguía insistiendo, haciéndole toda clase de chantajes emocionales, hasta que una tarde la llevó a su casa cuando no había nadie y allí consiguió lo que tanto quería.

–No disfruté de la experiencia —me dijo la joven. Él lo deseaba pero yo no, sólo le importó darse satisfacción... me quedé muy decepcionada; ésa no era la idea que yo tenía de mi primera relación sexual... me sentí muy mal conmigo misma por dejarme manipular, culpable de haber hecho algo que no debía... luego me acordé mucho de mi madre. Si hubiera podido hablar con ella de la presión que tuve que aguantar...

–¿Por qué no lo hiciste?

–Porque en casa nunca se ha hablado de sexo y no tengo confianza para abrirme a mi madre.

–¿Y el chico?

–Volvió a pedirme que hiciéramos el amor y le dije que no... ahora está saliendo con otra chica.

Otro de los aspectos que preocupa a muchos padres es la adicción de muchos jóvenes a la pornografía y a las desviaciones que se derivan de ella. Todos los medios están a su alcance y algunos, como Internet, pueden satisfacer todos los gustos y exigencias. Todos están expuestos, pero tienen especial riesgo aquéllos que tienen algún tipo de problema en las relaciones. La cuestión es que este tipo de actividades conforman pautas mentales que suelen tener consecuencias negativas en las relaciones futuras de pareja.

Una pareja joven de unos 22 años de edad se querían, pero ella estaba a punto de romper la relación. La razón era la siguiente:
–Cada día que pasa –explicaba ella–, le tengo menos confianza. Para él es muy importante el tener fantasías y prácticas que yo no puedo aceptar porque van en contra de mis principios, me dan asco y no me siento nada bien. Para mí, que él está obsesionado con el tema del sexo, de un sexo que yo no comparto, y le aseguro que yo no soy una puritana. Me siento triste porque nos estamos perdiendo cosas de mucho valor y, suponiendo que le diera lo que me pide, sé que dentro de un tiempo se cansaría de mí para experimentar con otra.
Se tuvo que poner en marcha un programa de reeducación para que el sexo del joven se basara en el amor y no al contrario. Pasando unos meses confesó lo siguiente:
–Mi mente estaba oscura, tenía imágenes repetitivas respecto al sexo y entraba en ansiedad si no conseguía materializar lo que venía a mi mente; era insaciable, incapaz de descubrir a mi pareja como persona, sólo estaba pendiente de la satisfacción sexual que podía proporcionarme.

Cada vez más, muchos padres temen por la identidad sexual de sus hijos. La homosexualidad se está extendiendo en progresión geométrica y, aunque los movimientos sociales están tratando de equiparar el reconocimiento de la homosexualidad al de la heterosexualidad, encontraríamos muy pocos padres que desearían que sus hijos fueran homosexuales. Otra cosa es que estos padres se unan a la tendencia social y, como lo he visto muchas veces, tengan que conformarse y aceptar con cierto disgusto, si viene el caso, que su hijo o hija desarrolle una identidad homosexual.

En esta corta referencia no voy a tratar sobre la homosexualidad, puesto que el tema es complejo y polémico. Pero se sabe que hay diferentes causas que pueden contribuir a la homosexualidad: unas son orgánicas, otras son ambientales y las hay sistémicas. No en todas se puede prever la conducta ni tener el mismo nivel de control, pero, si los padres tienen la atención y sensibilidad necesarias, pueden evitar mucho sufrimiento en dos aspectos:

•Si el hijo o la hija desarrolla una identidad homosexual por causas naturales, los padres sabrán darle la aceptación y el apoyo que necesite.

•En el caso de observar tendencias que no son las esperables, los padres aportarán su ayuda al hijo o la hija para reconducir su camino, evitando así su confusión e inadaptación, con todas las consecuencias personales y sociales que conlleva.

Un joven de 17 años vino a verme con el consentimiento de sus padres para explicarme algo que no se atrevía a compartir con ellos:
–He estado saliendo con una chica más de un año, pero la siento más como una amiga que como un amor apasionado. Hace 3 meses, por Internet conocí a una persona que me cautivó por su sensibilidad. Él es mayor que yo, tiene 26 años y nos hemos visto un par de veces...
–¿Qué ocurrió?
–Nos hemos acariciado y besado... con él experimento mucha ternura...
–¿Y?
–Estoy muy confundido, no sé qué hacer con la chica que salgo, tampoco soy capaz de compartirlo con mis padres...

–Háblame de ellos.

–Mi madre, aunque es muy pesada, siento que me quiere y me comunico mucho con ella, aunque también nos peleamos...

–Y ¿tu padre?

–Mi padre siempre ha sido muy distante, no recuerdo haber jugado nunca con él, si hablamos algo es para discutir. Mi madre quiere que él la apoye y cuando interviene es para hablarme con dureza.

Cité a los padres con el consentimiento del joven y les expuse la situación. Después de la estupefacción inicial, la madre reaccionó muy positivamente disponiéndose a colaborar en todo lo que hiciera falta. El padre, en cambio, optó por cerrarse y endurecerse más. Les pedí que se relajaran y los cité para una nueva entrevista.

Esta vez, se encontraban los tres juntos y les informé que íbamos a hacer unos ejercicios terapéuticos. El padre frunció el ceño pero no dijo nada.

Seguidamente les pedí al joven y a la madre que se levantaran y se dieran un abrazo; se extrañaron un poco, pero lo hicieron. Por parte del hijo duró un segundo, la madre hubiera continuado bastante más. Les volví a pedir que se abrazaran, pero que continuaran abrazados hasta que yo les avisara. Mientras, me irían informando de lo que experimentaban.

Al principio, al hijo le resultaba violento; pero, progresivamente fue relajándose y recibió y correspondió a las caricias de la madre.

Cuando entendí que el vínculo había quedado bien restablecido, les indiqué que ya podían terminar con el abrazo, cosa que hicieron lentamente. En sus caras se podían ver las lágrimas resbalando, pero también una expresión feliz.

Les felicité por lo bien que lo habían hecho y estuvimos unos momentos compartiendo su experiencia.

–Es como encontrar algo que había perdido hace mucho tiempo –dijo el joven–.

–Para mí también ha sido una experiencia conmovedora –dijo la madre–; aunque a veces cuando está sentado voy por detrás y me gusta abrazarlo, no se puede comparar a lo que he sentido hoy.

Entonces les pedí al padre y al hijo que intentáramos realizar el mismo ejercicio. Al hijo se le cambió la expresión de la cara y el padre se negó, menospreciando el ejercicio y cargando contra Internet, contra su hijo y contra los que se aprovechan de incautos como él. Después de escucharle, le volví a pedir que lo intentaran, ya que sería bueno para los dos. Volvió a negarse y le expliqué que era su temor a experimentar la afectividad lo que le impedía realizarlo. Como el padre seguía manteniendo una actitud cerrada, le pedí al joven que hiciera el ejercicio conmigo. Se extrañó mucho, pero colaboró.

Nos abrazamos y pude notar su temor en la debilidad de su abrazo. Poco a poco, comencé a acariciarle la espalda y, por dos veces, hizo el intento de deshacerse. Así y todo, continuamos abrazados. Al cabo de unos minutos, el joven escondió su cara en mi hombro izquierdo y sentí cómo empezaba a conmoverse: estábamos conectando; en realidad, estaba conectando con el representante de su padre. Su abrazó se cerró con más fuerza y su liberación emocional se hizo mucho más evidente. Miré de reojo al padre y le vi con la cabeza baja mirando al suelo; la madre no se perdía detalle aunque lloraba silenciosamente. Estuvimos un tiempo dejando que se realizara el proceso anímico de liberación y apropiación de la energía afectiva que le faltaba.

Vino un momento en que, de forma natural, nos fuimos separando y con los ojos llenos de lágrimas me dio las gracias. Luego miró a su padre, que seguía con la mirada clavada en el suelo, y le puso la mano sobre su hombro; éste le correspondió poniendo la suya sobre la de su hijo, pero sin levantar la cabeza.

En una entrevista posterior, el joven me explicó que había cortado la relación con aquel hombre y sentía una gran liberación. La atracción que experimentaba por la chica con la que salía iba en aumento y, aunque con su padre seguía sin haber fluidez en la comunicación, le sentía más cercano.

Algunas sugerencias para los padres:

- Es necesario hablar del sexo abiertamente como de otro tema cualquiera. Las distancias y los muros los construimos nosotros, y cuando necesitamos estar cerca de nuestros hijos es tarde o nos resulta muy difícil.
- Hay que crear un clima de confianza lo antes posible, anticipándose a las situaciones que por cuestión evolutiva pueden presentarse.
- Como en otras cosas, los valores morales no los tienen que marcar las diferentes tendencias y modas sociales, sino que, por derecho, son los padres los primeros que han de formar la conciencia de estos valores en sus hijos.
- Es conveniente formarse y tener respuestas y criterios claros para todas las cuestiones que puedan aparecer en el día a día sobre el sexo con nuestros hijos.
- Nunca ayudan las posiciones y reacciones radicales cuando se presenta cualquier circunstancia no esperada. Posiblemente podría haberse evitado de haber establecido un mejor nivel de comunicación. Lo importante es que el hijo sienta el amor de sus padres, aunque éstos no aprueben o compartan la situación.
- No es suficiente que los jóvenes tengan información sobre las posibles consecuencias de las relaciones sexuales incontroladas. Por ejemplo, en los colegios e institutos se la suministran, pero en estos contextos no suele orientarse a los jóvenes en cuanto al valor moral de la conducta, quedando aquél sin definir.
La experiencia demuestra que siguen cayendo con mucha frecuencia en problemas que no son reversibles, tales como el embarazo o el SIDA. El quid del asunto se encuentra en desarrollar su autoafirmación en lo que creen y esperan de la vida, puesto que conocer e informar no es exactamente prevenir.

9: La integración en la sociedad adulta

Parte 2.

Cuentan que en la carpintería hubo una vez una extraña asamblea. Fue una reunión de herramientas para arreglar sus diferencias. El martillo ejerció la presidencia, pero la asamblea le notificó que tenía que renunciar, pues hacía demasiado ruido y se pasaba el tiempo golpeando. Éste se fue con la condición de que expulsaran también al tornillo, ya que había que darle muchas vueltas para que fuera útil. El tornillo no quiso ser menos y pidió la expulsión de la lija: era muy áspera en su trato y siempre tenía fricciones con los demás. La lija aceptó si se expulsaba al metro, el cual estaba obsesionado con medir a todos su tamaño, como si fuera el único perfecto.

En eso entró el carpintero, se puso el delantal e inició su trabajo. Utilizó el martillo, la lija, el metro y el tornillo. Finalmente la tosca madera se convirtió en un elegante mueble.

Cuando la carpintería quedó nuevamente sola, reanudó su asamblea. Fue entonces cuando tomó la palabra el serrucho, y dijo:

-Señores, ha quedado demostrado que tenemos defectos, pero el Carpintero trabaja con nuestras cualidades. Eso es lo que nos hace valiosos.

La asamblea encontró entonces que el martillo era fuerte, el tornillo unía y daba fuerza, la lija era especial para afinar y limar asperezas y observaron que el metro era preciso y exacto. Se sintieron entonces un equipo capaz de producir muebles de calidad.

¿No ocurre lo mismo con los seres humanos?

> Puede adquirirse todo en la sociedad, excepto el carácter.
> **Stendhal**

Cuando el adolescente llega a integrarse en la sociedad adulta muestra su maduración evolutiva. Eso significa que ha asumido la idiosincrasia de la sociedad en la que vive, adaptándose a ella y formando parte de su consolidación y evolución.

No le será fácil reafirmar su individualidad aceptando las normas y principios que sostienen y mantienen en orden esta sociedad. A su vez, tendrá acceso a cosas que pueden secuestrar su atención y frenarlo en su progreso personal, estará expuesto a diferentes peligros de los que tendrá que aprender a protegerse, tomar decisiones por sí mismo, que otros ya no podrán hacer por él y, posiblemente, sobrevivir a situaciones de ruptura familiar que le descolocarán hasta que vuelva a encontrar la estabilidad.

Para este apartado he escogido los temas de la rebeldía, las drogas, el abuso de internet y la separación de los padres, todos ellos de máxima actualidad cada vez en más familias.

"Es muy rebelde"

En muchas ocasiones la rebeldía del adolescente es irracional pero forma parte de su evolución natural. Puede ocurrirles de forma parecida a aquel mulo que se quedó parado en medio de un puente colgante. Intentaron arrastrale por la cabeza, empujarle y hasta le pegaron con fuerza pero cada vez estaba más terco. Todos los que querían cruzar desesperaban hasta que llegó alguien que parecía entender de mulos, se acercó, agarró al mulo por el rabo y tiró de él hacia atrás. Al sentir que le querían hacer retroceder, el animal salió disparado hacia delante dejando el paso libre.

La habilidad de los padres para canalizar esta energía de forma constructiva es fundamental para resolver las situaciones que se presentan, convirtiendo lo que en principio parecía un gran obstáculo para su madurez y la armonía en las relaciones, en una facultad positiva. El acto de rebelarse puede contribuir al desarrollo de una personalidad fuerte, llena de determinación y de un estilo de pensamiento propio, sólo con que la ira se transforme en pasión por algo que valga la pena.

Los padres de una joven de 16 años se sentían agobiados con ella, parecía tener un solo lema: "Decidme de qué se habla, que me opongo". Nada le parecía del todo bien; su carácter fuerte le hacía entrar en conflicto con las actividades del instituto y con las decisiones de los profesores. En casa, era una lucha constante, cada día había motivos para discutir y era persistente hasta que conseguía lo que quería.

–Es incombustible –me confesó el padre–, para todo hay que batallar y negociar, y aún así, no es suficiente. Ninguna norma le parece bien, sólo las que ella pone, lo mismo ocurre con las decisiones que hemos de tomar. Mantiene un pulso constante con nosotros y créame que es agotador.

Evidentemente, si los padres entraban en su dinámica oponiéndose y forcejeando mutuamente, tenía que ser agotador para ellos y estimulante para su hija.

También reconocieron que las normas nunca habían sido muy firmes y habían hecho concesiones, pero ella nunca tenía suficiente.

Les pedí a los padres que escogieran un tema para trabajarlo, ya que la experiencia demuestra que al solucionar un conflicto, los demás mejoran o, por lo menos, se facilita la predisposición para solucionarlos.

Decidieron que intentásemos resolver el problema que tenían con el horario de vuelta a casa. Hacía tiempo que estaban luchando con el asunto y no había forma de llegar a un acuerdo, ni que éste fuera respetado y pudieran dejar de sufrir por este tema.

La situación era que después de haber fijado una hora de regreso a casa, ella no la respetaba, los padres la esperaban levantados y al llegar discutían intentando persuadirla para que cumpliera el compromiso adquirido, pero ella siempre tenía excusas. Si renegociaban la hora, tampoco acababa respetándola; así que ella volvía a la hora que le parecía bien, apagaba su móvil mientras estaba fuera de casa y los padres se preocupaban por si le pudiera pasar algún mal. Ni los ruegos, ni las reflexiones, ni las amenazas, nada parecía efectivo para solucionar el problema.

Les propuse hacer una acción para que su hija pudiera experimentar por sí misma lo que ellos sufrían cada fin de semana. Los padres se resistieron un poco al principio, pero luego comprendieron que era necesario por el bien de todos.

Lo primero que les pedí es que dejaran de esperarla y de discutir más por la hora de llegada a casa, puesto que ese tipo de acción demostraba ser inútil y le daba a la joven la sensación de que el control lo tenía ella.

Pasadas tres semanas ellos pudieron notar que su hija estaba bastante intrigada por el cambio de actuación que veía en sus padres. Por supuesto, no había respetado la hora de llegada y parecía que la tendencia era ir aumentado el retraso.

Había preparado con los padres que el siguiente fin de semana desaparecieran de casa sin comunicárselo a su hija. Así lo hicieron y cuando ella llegó a casa notó que estaba vacía, se acercó a la habitación de sus padres y comprobó que no estaban, tampoco su hermana menor. Así que decidió sentarse en el sofá y conectar el televisor. Al cabo de un rato quedó dormida y cuando despertó ya entraba la luz del día por la ventana. Se levantó muy extrañada y fue al dormitorio de sus padres, que volvió a encontrar vacío. En aquel momento, sintió que se le aceleraba el corazón y se sintió muy insegura. Tomó el teléfono y llamó al móvil de su padre, que naturalmente estaba apagado. Comenzó a agitarse moviéndose de un lado a otro sin saber qué debía hacer. Transcurrido un tiempo, cuando ya había pensando todo lo peor, llamó angustiada a sus abuelos; éstos estaban al corriente de todo y sin descubrirle la estrategia, la intentaron tranquilizar. Le pidieron que ella siguiera en casa atenta al teléfono; mientras, ellos llamarían a la policía y a los hospitales por si acaso sabían algo de sus padres.

Sobre el mediodía se presentaron en casa los padres con la hermana como si nada hubiera pasado. La joven estaba histérica y vació sobre ellos toda su rabia; los padres la escucharon en silencio y así permanecieron después que ella hubo terminado. Seguidamente, la joven se puso a llorar y, más calmada, les confesó que había pasado mucho miedo.

–No volváis a hacerme algo parecido –les rogó–; hoy me he dado cuenta de muchas cosas: Creía que no os necesitaba, pero no es verdad, no podría soportar la idea de perderos, me he dado cuenta de lo mal que lo pasáis cuando yo no llego a la hora y vosotros no sabéis en dónde estoy...

Se abrazaron y el problema dejó de ser problema desde aquel mismo momento.

Según me dijeron los padres más tarde, la actitud general de la hija dejó de ser tan beligerante y les animé a seguir unas pautas que les permitieron mantener una relación más gratificante.

Algunas sugerencias para los padres:

• El hijo adolescente debe ser tratado como a un amigo adulto sin perder de vista la posición de padres. El objetivo que debe fijarse es el mutuo respeto, el apoyo y la capacidad de tener una relación positiva para ambos.

- Hay que estimular la comunicación abierta, escuchando con disposición comprensiva, sin entrometerse en lo que él debe resolver, evitando la crítica y las descalificaciones para crear un clima de confianza.

- Cuando sea oportuno, exprese su posición justificada adecuadamente; pero si no es imprescindible, lo propio es no imponerla, sino que sirva de referente para el hijo.

- Los mensajes del tipo "Yo" suelen ser mucho más eficaces que los del tipo "Tú". Si un padre o una madre acusa a su hijo de cualquier cosa, inmediatamente se pondrá en guardia y fácilmente se entrará en una discusión de tipo defensivo. La situación cambia mucho cuando el padre o la madre expresan cómo les hace sentir determinada circunstancia, hay más posibilidades de que el hijo se abra al diálogo.

- Es necesario evitar las discusiones inútiles, sobre todo en aspectos que no son trascendentales. La actitud de un adolescente no suele cambiar por medio de una discusión. Es mucho más efectivo ayudarles a pensar por sí mismos para protegerlos de la influencia de los amigos y de sí mismos.

- Las malas actitudes y los estados de ánimo negativos no deberían ser criticados, ni ridiculizados, más bien buscar el modo de estimular la salida positiva de ellos.

- Muchas veces hay que permitir que la sociedad complemente la educación que los padres le han dado; él debe aprender a través de su propia experiencia: con sus aciertos y errores, asumiendo las consecuencias de sus decisiones y acciones. Los padres deben intervenir sólo si el adolescente se propone hacer algo peligroso o ilegal.

- En el caso de que el adolescente pida consejo, los padres no deberían darlo sin más, sino ayudarle a que sea él mismo quien pueda reflexionar y decidir con conocimiento de causa.

- Las reglas de la casa y las consecuencias en caso de no ser respetadas deben ser consideradas por todos como algo muy importante. Esto no quiere decir que no habrá modificaciones y adaptaciones, pero siempre tratadas desde el consenso. Si las normas no se respetan, la convivencia se convierte en un caos.
- Los padres nunca han de perder el principio de autoridad. El adolescente lo necesita aunque a veces intente rebelarse, pero si existe le dará seguridad. No hay que confundirlo con el autoritarismo que pone el interés en los padres y no en los hijos.
- Es positivo permitir que la familia participe en la formulación de las reglas de la casa. El reunirse y hablar de cómo han de ser las cosas siempre ayuda a tomar mayor consciencia y responsabilidad, mejora la unidad familiar y el objetivo es encontrar lo mejor para todos.
- Cuando su hijo está de mal humor, permítale que tome su espacio y tiempo para resolver sus estados de ánimo. Presionarle en este momento para aclarar algo nunca da buen resultado.

"Hemos descubierto que consume drogas"

Siempre resulta un descubrimiento desagradable para los padres cuando se enteran que su hijo o hija consume drogas. Aunque se sabe que la mayoría de jóvenes lo hace, los padres en el fondo siempre abrigan la esperanza de que su hijo no será como los demás.

Las causas por las que los jóvenes toman drogas son muy variadas, y pueden ir desde la curiosidad de una nueva experiencia, la influencia y presión del grupo, la necesidad de neutralizar la ansiedad, o generar determinados estados de ánimo.

Los padres viven con mucha preocupación esta cuestión porque conocen las dramáticas consecuencias que puede acarrear en la vida de su hijo y, cuanto más presuma el adolescente de autocontrol, más se preocuparán los padres.

Hay dos puntos críticos en el proceso del consumo de una droga, que puede llevar a la adicción: el primero es la iniciación y el segundo la consolidación. Los padres pueden actuar con bastante eficacia en la fase de prevención antes de la iniciación y después de la iniciación, pero cuando el joven ha llegado a la consolidación, suele ser muy difícil para los padres ayudar a su hijo.

Generalmente, cuando tienes delante unos padres con su hijo o hija y te presentan el problema de la droga, las dos versiones difieren mucho. El adolescente suele decir que sólo la ha probado una vez, y los padres que ya lleva tiempo haciéndolo.

La situación suele convertirse en un juego de caza, en el que el adolescente se las ingenia para que no le noten que ha consumido, mientras que los padres tratan de vigilarlo y sorprenderlo para demostrarle que miente y que se está precipitando por un camino sin retorno. Esta situación suele generar mucha tensión y los padres suelen perder el control.

Éste era el caso de una joven que en los últimos meses había cambiado totalmente su comportamiento. Abandonó sus responsabilidades escolares; sólo le interesaba relacionarse con un grupo de gente que nadie sabía a qué se dedicaban y en casa había dejado de ser la chica dulce y alegre que sus padres adoraban.

La joven aseguraba que no hacía nada malo, ni era ninguna drogadicta, aunque admitía que sus compañeros consumían marihuana y alcohol porque era lo que todos hacían.

Al analizar cómo se había llegado a aquella situación, se observaron algunas lagunas importantes: los padres no cuidaron la prevención y cuando apareció el problema, se creó un círculo vicioso de acciones y reacciones que agravaban cada vez más el problema.

La joven había tomado una posición arrogante y en un momento dado expresó: "Con mi vida haré lo que mejor me parezca".

Después de una conversación un tanto infructuosa en cuanto a que tomara conciencia de los riesgos a los que se enfrentaba, les hice a los padres y a la joven una propuesta:

Les pedí a los padres que no discutieran más sobre el tema de los amigos y la marihuana, ya que sólo conseguían aumentar la tensión entre ellos, y esto les distanciaba de su hija. A la joven le pareció estupendo.

Con la joven llegué al siguiente acuerdo: se la iba a tratar como a una persona adulta, pero con la condición de asistir a unas sesiones de grupo terapéuticas que se realizaban en un centro de rehabilitación para mujeres toxicómanas.

La idea era que ella misma pudiera conectar directamente con personas que habían andado el mismo camino que ella ahora comenzaba.

Aunque se extrañó mucho de la propuesta, aceptó, por la liberación que le representaba el que sus padres no la agobiaran más con la "persecución" que habían desplegado sobre ella.

Al cabo de dos meses nos volvimos a ver; los padres me explicaron que sólo fueron necesarias tres sesiones con aquel grupo de mujeres. Allí nadie le dijo lo que tenía que hacer, ella asistía de oyente; sólo pudo palpar la realidad de aquellas vidas arruinadas y el impacto emocional fue lo suficientemente importante como para hacer un cambio cualitativo en su vida.

Un joven de 23 años, muy buen estudiante y deportista, vino a verme por indicación de sus padres, que eran médicos. Sus padres valoraban mucho su esfuerzo y disciplina en cuanto a sus estudios y las demás actividades que realizaba, pero había una sombra importante en su vida: más de una vez habían notado los efectos de la marihuana y frecuentes estados de ansiedad.

El joven se abrió conmigo desde el primer momento y me confesó que hacía tres años había tenido una relación sexual con una joven, la cual, dos meses más tarde le informó de que tenía el SIDA.

–El mundo se hundió a mis pies –me dijo–. Todas mis ilusiones se vinieron abajo.

Se asustó mucho y fue incapaz de hacerse los análisis pertinentes, entrando en un estado de ansiedad anticipatorio. Desde entonces, aunque salía con su grupo de amigos, trataba de evitar que cualquier chica se acercara demasiado; no sabía qué iba a hacer con su profesión, pues estaba cursando estudios relacionados con la medicina sentía verdadero pánico ante la idea de informar a sus padres, ya que les tenía un gran reconocimiento y sabía el disgusto que les daría.

Probó la marihuana una noche y pudo dormir, así que, a partir de entonces, todas las noches tomaba la dosis suficiente para poder aliviar la ansiedad que sentía y poder descansar.

Una de las cosas que le impulsó a venir a verme fue que, según él, había leído mucho sobre el tema, y ya experimentaba en su organismo las consecuencias del SIDA.

Le tranquilicé y le insté a que se hiciera los análisis para verificarlo como primer requisito para darle una salida al problema. A los pocos días me envió un mensaje informándome que los resultados dieron negativo.

Por iniciativa propia, habló con los padres y les contó todo lo que había ocurrido. Los padres le abrazaron y le expresaron su sentimiento por llevar en solitario aquella carga. Se deshizo de la marihuana como de un falso aliado y volvió a vivir su vida.

Algunas sugerencias para los padres:

Como en todas las conductas que realizan las personas, el consumir drogas siempre tiene alguna causa: el mimetismo, la ansiedad, o cualquier otra. Acercarse lo suficiente al adolescente de forma adecuada para descubrirla suele ser el primer paso eficaz para resolver el problema.

- Nunca debe perderse la confianza y la comunicación con el hijo, pues esto crea situaciones de tensión y bloquea cualquier propósito de ayudarle.
- Es necesario que el hijo reciba información del proceso y de las consecuencias para los consumidores, y pueda hablar con los padres abiertamente.

- Es muy efectivo desarrollar en el hijo un espíritu crítico ante la influencia social, los estereotipos, las modas y la publicidad, mucho antes de que caiga en sus redes.
- Da mucha consistencia a un joven el ver que sus padres son coherentes en lo que dicen y hacen.
- Hablar de las drogas en casa debería ser uno de los temas frecuentes, nunca evitarlo como si fuera tabú. Lo propio es hablarlo con conocimiento de causa para que el hijo nunca descalifique a los padres como ignorantes que hablan de oídas.
- Los grupos con los que se relaciona son uno de los factores más determinantes para influirle en el consumo; poder hablar de ello con el hijo y ayudarle a abrirse a otros contextos más positivos, da salida a muchas iniciaciones.
- Las drogas siempre vienen a llenar algún tipo de vacío. Cuando el adolescente se valora a sí mismo, valora su vida, tiene ilusiones de superación personal, proyectos para el futuro, valores espirituales o ideales nobles, suele perder el interés por algo que le es nocivo aunque sus compañeros lo hagan.
- No dudar en ponerse en contacto con entidades o especialistas para recibir ayuda cuando el consumo es habitual, tratando así de evitar males mayores.

"Está enganchado a Internet"

Internet es uno de los nuevos logros tecnológicos que se ha convertido para muchos en un problema. Lo que en principio puede parecer un nuevo modo de establecer relaciones con los demás, viene a ser una trampa para la vida de jóvenes y adultos, creando una nueva generación de adicciones: chat, sexo, juegos, compras, apuestas, etc.

Una de las claves que dan cuenta de este hecho consiste en el efecto de los fenómenos virtuales: la persona que se sumerge en ellos puede experimentar las mismas emociones y reacciones que experimentaría en una situación real; su sentido de presencia también sería similar; a causa de ello, la consecuencia de una experiencia de este tipo es capaz de modificar aspectos de la vida real de la persona.

Otra de las claves se encuentra en el potencial de comunicación de la Red. La comunicación es muy informal y las características que habitualmente inhiben a las personas en el contacto personal están ausentes. Por ello, el factor de desinhibición que proporciona cualquier tipo de actividad on-line desempeña una función fundamental en la utilización de Internet.

Un joven que cursaba estudios universitarios preocupaba a sus padres porque su rendimiento había bajado notablemente. La razón más evidente era el tiempo que dedicaba a chatear en Internet. Desde que había incorporado esta práctica diaria a su vida, podía invertir de 30 a 40 horas semanales frente a la pantalla, comunicándose con varias personas a la vez. Todos los avisos, reflexiones, discusiones, amenazas y acciones punitivas de sus padres para disuadirle y ayudarle a retomar su anterior ritmo de estudios no tenían ningún éxito. Más bien se observaba todo lo contrario: su dedicación a chatear iba en aumento.

La primera petición que hice a los padres fue que dejaran de insistir en sus acciones de presión para intentar que su hijo redujera el tiempo dedicado a Internet. Sencillamente, debían observar la conducta del joven (sin intervenir) para poder comprobar cuál era su tendencia natural. Al cabo de unos días, la madre informó que parecía estabilizarse en unas 4 horas diarias.

La siguiente acción propuesta a los padres consistió en relacionar el tiempo dedicado a Internet con el coste de sus estudios y un incentivo económico. El planteamiento fue el siguiente: los padres explicarían al hijo que comprendían cuán importante era para él esta actividad, y valoraban el esfuerzo que hacía y su capacidad para llevar adelante las dos cosas; por tanto, iban a colaborar con él económicamente. Así pues, el joven recibiría una cantidad de dinero por cada hora que pasara en Internet; cuanto más tiempo le dedicara, más dinero recibiría. Si aprobaba las asignaturas previstas, el dinero recibido sería su recompensa. En el caso de suspender alguna asignatura, los padres se cobrarían el coste de la asignatura que le habían adelantado y, por supuesto, no volverían a pagar la matrícula por la misma asignatura el curso siguiente, o sea que él tendría que conseguir el dinero trabajando para poder volver a cursarla.

El joven aceptó el trato y en el primer cuatrimestre suspendió dos asignaturas de las cuatro en que estaba matriculado; en el segundo las aprobó todas y el siguiente curso también.

La madre explicó en la última entrevista que la conducta de su hijo había cambiado positivamente en muchos aspectos: de manera progresiva había ido reduciendo el tiempo de Internet a una hora o dos como mucho y lo hacía después de cenar, habiendo trabajado en sus asignaturas durante la tarde.

Algunas sugerencias para los padres:

- Es necesario tomar conciencia y a su vez, concienciar a los hijos de que Internet es una "herramienta" muy útil, y a la vez muy peligrosa, de igual forma que podría serlo un cuchillo. Por tanto, hay que usarla estableciendo de antemano los límites de control, conscientes del riesgo que puede suponer dejarse llevar por su inercia. Prevenir siempre es mejor que corregir.
- Antes de que Internet entre en una casa, los padres deberían establecer las normas de uso para toda la familia, debiendo ser respetadas por todos.
- En el caso que un hijo o una hija no pueda controlar el tiempo que dedica a Internet, no acostumbra a dar buenos resultados entrar en un conflicto abierto con él o con ella. En general, cualquier acción

crea una reacción y suele ocurrir que, cuando alguien se encuentra bajo presión, genera conductas de signo contrario con intensidad similar a la recibida. Por ejemplo, cuando alguien sube el tono de voz para tratar de imponer su opinión, el interlocutor lo hace también a un nivel similar o algo mayor. Así pues, cuanto más presión haya por parte de los padres para que el hijo reduzca su conexión, más tendrá la sensación de necesitar alargar su tiempo de uso.

• Si los acuerdos no son respetados, habrá que aplicar estrategias creativas que enfrenten a los usuarios con determinadas consecuencias. El fin que se persigue es activar las emociones positivas que faciliten el cambio. Internet engancha cuando se usa como actividad lúdica; si se cambia el contexto de manera que las satisfacciones no sean mayores que los perjuicios que produce el dedicar un tiempo excesivo, se facilita la liberación.

"Desde que nos hemos separado, su carácter ha cambiado"

Siempre afecta en mayor o menor medida a los hijos la separación de sus padres. Se comprende que a veces la convivencia se hace tan insostenible que la mejor opción es separarse; pero eso no quita que vaya a afectar de alguna manera a los hijos. Todos los estudios realizados sobre el tema dan cuenta de este hecho. La cuestión es cómo los padres van a manejar esta nueva situación con sus hijos para que el impacto de la ruptura les afecte lo menos posible.

Siempre suelen surgir consecuencias con los hijos que no estaban previstas. Las causas pueden ser múltiples: la frustración e impotencia ante la situación de desestructuración; la falta de atención adecuada a causa de las nuevas cargas que debe soportar la madre, al tener que cuidar de los hijos y al mismo tiempo hacer frente a la nueva situación económica; padres que están más interesados en agradar a sus hijos que en educarlos; las concepciones y vivencias irreales que pueden desarrollar los hijos; las interpretaciones que pueden hacer ante la aparición de otra nueva pareja para uno de sus padres.

Era un matrimonio aparentemente feliz con una hija de 13 años. El marido se enamoró de una compañera de trabajo y le fue infiel a su esposa. La mujer lo descubrió y el marido decidió romper el matrimonio y comenzar una nueva relación de pareja con la que había sido su amante.

Aunque intentaron suavizarlo todo lo posible, la joven adolescente no asimiló bien la nueva situación. Ella tenía devoción por su padre y al separarse, culpó a su madre de la ruptura, de tal manera que dejó de colaborar con ella y le hablaba con despotismo. En cambio, con el padre seguía siendo dulce y encantadora.

La madre intentó diferentes maneras de mejorar la relación con la hija, comprendiendo que aquel cambio había tenido que ser muy duro para ella. Estuvo un tiempo intentando agradarla, pero la joven respondía con más despotismo. Comprobando que la relación empeoraba, probó de hacerse respetar como madre que era, y endureció su actitud hacia la hija. Este remedio fue peor que el anterior; la joven no sólo seguía siendo déspota con ella, sino que también se volvió agresiva y la casa se convirtió en un pequeño infierno.

Llegó un punto en que la madre le propuso que fuera a vivir con el padre y su pareja para que las dos no se hicieran más daño, pero en el último momento la hija no quiso.

Llegados a este punto, cuando me entrevisté con la madre, la ayudé a llevar a cabo una interiorización, ocupando el lugar de su hija. Descubrió un sentimiento de rabia contra su padre, pero a su vez, mucha admiración por él y deseos de agradarle.

Por otra parte, pude hablar con la joven y observé que tenía un sentimiento de competencia con la nueva pareja de su padre.

Le expliqué a la madre lo difícil que era para su hija sentirse desplazada por su padre; ella había llegado a desarrollar con él una relación idealizada, creyéndose que era el centro de su vida, y tuvo una gran decepción al enterarse de la realidad. Ahora intentaba recuperar a su padre y descargaba la frustración contra su madre a través del mecanismo mental de defensa que supone la transferencia.

Nos encontrábamos ante la necesidad que la joven tenía de descargar toda su amargura y, ni el servilismo ni la represión que la madre había ejercido sobre la hija eran buenas estrategias para dar salida a esta situación.

Le propuse a la madre en primer lugar que dejara de entrar en conflicto con la hija (la experiencia mostraba que sólo servía para empeorar las cosas). Ante cualquier motivo de conflicto la madre aceptaría por el momento la falta de colaboración de la hija y observaría cómo las cosas se sucedían.

Cuando la tensión entre las dos se redujo a un nivel en que la convivencia comenzaba a ser pacífica, le indiqué a la madre un ejercicio que podía ser útil para conseguir que la joven pudiera reaccionar asumiendo la realidad y abriéndose para liberar sus emociones.

Se trataba de lo siguiente:

Un día cualquiera, al preparar la mesa, la madre pondría los cubiertos para tres, tal como solía hacerlo antes. Al preguntarle la hija, ella debía contestar que había sido un "lapsus" pero ya que estaban puestos los dejaría.

Al día siguiente los volvería a colocar alegando que le hacía sentir mejor viendo la mesa de aquella manera.

A los pocos días también sirvió el plato que correspondería al padre y comenzó a hacer referencias a él (como incluyéndolo en la conversación) tales como: "Nos parece bien que vayas de excursión".

La hija comenzó a preocuparse realmente por la madre y sin que ella lo supiera me llamó por teléfono para explicármelo. Le dije que era importante que nos viéramos para hablar del tema.

Por primera vez empezaba a ver a su madre de otra forma y le pedí su ayuda para poder volverla a conectar con la realidad.

Ella se prestó a hacer lo necesario y le indiqué que debía buscar las ocasiones para hablar con su madre y hacerle ver que debía aceptar las cosas tal como habían sucedido. Le insistí que era muy importante para ayudarla, que le pusiera ejemplos suyos, de cómo ella también lo había pasado mal cuando su padre se fue y tenía que verlo con otra mujer que no era su madre.

Pasados unos días vinieron a verme las dos y me explicaron que uno de esos días que hablaban sobre el tema se habían abrazado y lloraron por un buen rato.

–Desde entonces –me dijo la hija–, mi madre ya no ha vuelto a tener aquel comportamiento tan raro y nos lo pasamos bien juntas. Ha sido como descubrirnos la una a la otra... ¿lo he hecho bien?...

–Sin duda, no podrías haberlo hecho mejor –le contesté–.

–No hagas caso mamá –aclaró la hija dirigiéndose a su madre–, es una cosa entre el psicólogo y yo.

La madre me miró y esbozó una sonrisa de complicidad.

Algunas sugerencias para los padres:

- La pareja puede deshacerse, pero los padres deben seguir siéndolo en el amplio sentido del concepto, y me refiero fundamentalmente a la atención y comunicación del que está menos tiempo con ellos para que los hijos perciban su "presencia" a pesar de la distancia.
- Los problemas que hayan tenido los padres nunca deben cargarse sobre los hijos buscando su consuelo, apoyo, o utilizándolos como medio de canje con la otra parte.
- A ser posible, lo negativo que cada hijo pueda tener con alguno de los padres, lo debe resolver directamente con el afectado sin mezclar a la otra parte.
- Nunca deberían los padres hablar uno mal del otro en presencia de los hijos, posiblemente se consiga un efecto boomerang que se volverá sobre uno mismo.

- Hay que tener en cuenta que un hijo incluye tanto genética como anímicamente una parte del padre y otra de la madre. En el caso que uno de los dos sintiera rechazo hacia el otro, inconscientemente sería percibido por el hijo y reaccionaría posiblemente de manera negativa contra el que siente el rechazo. Lo propio es reconocer y valorar la parte del otro progenitor que está en el hijo como algo noble, independientemente de su comportamiento personal.

- Es muy conveniente pensar en la percepción que los hijos van a tener de la ruptura. De ella pueden desprenderse problemas importantes, por tanto, habrá que buscar la alternativa que les genere menos ansiedad e inseguridad, asegurando el que se sientan amados y valorados por las dos partes para que les afecte lo menos posible a su desarrollo personal.

- Cuando se presente algún tipo de problema de desmotivación en los estudios, conflicto en las relaciones, cambios de carácter, o cualquier otro desajuste, hay que afrontarlo con buen sentido y creativamente, pero nunca con enfrentamientos inútiles que sólo complican la situación. En caso de ser un problema que supera a los padres, lo propio es ir al especialista para recibir ayuda.

- Siempre es contraproducente caer en la trampa de agradar a los hijos para tratar de compensarles las carencias que se generan como consecuencia de la ruptura. Las consecuencias de esta actitud en los padres son negativas para el desarrollo del hijo, su madurez, y pueden convertir las relaciones afectivas en interesadas.

Conclusión

Unas palabras finales

No sé cómo te sientes una vez que has llegado hasta aquí, ¿animado?, ¡bien!. ¿Con una nueva perspectiva sobre algunas cuestiones de la relación con tu hijo?, ¡muy bien!. ¿Abierto a desarrollar cambios para un crecimiento interior?, ¡mucho mejor!.

A lo largo de estas páginas he tratado de poner de relieve algunos aspectos de la realidad que hoy viven muchas familias, cuyos hijos han entrado en la adolescencia, o siguen formando parte del núcleo familiar una vez superado este periodo de la vida. Este hecho siempre implica cambios importantes en la familia, que suceden con o sin el consentimiento de los padres, los cuales, aun preparándose para esta etapa, con frecuencia se ven sorprendidos por situaciones que no alcanzaron a asumir que les podrían pasar a ellos.

Como se ha visto reiteradamente, no hay que preocuparse tanto por esos cambios como por la forma en que se va a responder ante ellos. Si la respuesta es positiva, eso redundará en un crecimiento familiar integral; en caso contrario, hay que soportar situaciones de atasco y sufrimiento innecesario.

La adolescencia es una etapa muy particular en la vida de las personas, que siempre descoloca en más o menos grado a los padres como a los mismos adolescentes y, por tanto, para mantener un ambiente de armonía, se requiere una mente abierta y flexible por parte de los padres, que les permita adaptarse a las nuevas situaciones sin dejar de ser padres, ni perder aquellos principios que aseguran la estabilidad en el comportamiento de unos y otros.

Por otra parte, todos tenemos acumulado en nuestro inconsciente una carga de experiencia negativa, que ha quedado registrada en forma de emociones, y que pueden activarse y hacernos reaccionar de manera poco adecuada. Nuestros hijos suelen ser especialistas en activar estas "minas emocionales" y la mejor solución para no volcar sobre ellos nuestra carga destructiva es desactivarlas y limpiar nuestro campo mental de ellas. Este proceso es el opuesto a la acción de los mecanismos de defensa, los cuales no enfrentan las causas sino que las cubren y disimulan para eliminar la ansiedad que nos podrían producir.

La metodología que se ha presentado aquí es práctica y eficaz para renovar las partes afectadas de nuestra personalidad, sólo se requiere un poco de constancia e interés en este crecimiento interior. En la medida en que progresemos personalmente, también lo harán nuestros hijos, puesto que les transmitiremos consciente e inconscientemente valores más ricos y profundos, a la vez que ganaremos en lucidez y eficiencia a la hora de trabajar con ellos cualquier situación que se presente.

Desarrollar el sentido de la empatía es uno de los elementos más fundamentales para el buen entendimiento y colaboración entre nosotros y nuestros hijos. Para ello hay que desarrollar la habilidad de *salir* de nuestra posición y perspectiva, para ser capaces de *ver* con otros ojos las cosas que nos estaban veladas y dificultaban el entendimiento y las acciones constructivas.

Como las personas somos muy complejas y nuestros hijos también pueden serlo, no es de extrañar que se den situaciones en las que los recursos normales y lógicos no acaben de dar el resultado esperado, y los problemas se atasquen creándose los típicos círculos viciosos de complementariedad, en los que la acción de los padres refuerza la mala conducta de los hijos y la salida a este entramado se hace cada vez más difícil. En estos casos, no se requiere más presión, sino más creatividad para realizar cambios en las acciones que necesariamente provoquen acciones diferentes en nuestros hijos y pierdan sentido las conductas negativas que realizaban.

Por último, deciros que si este libro os ha podido ayudar a reflexionar sobre las circunstancias que estáis atravesando con vuestros hijos, sin considerarlo como algo ajeno a vosotros mismos, habéis dado un paso importante hacia la solución de la situación. Si además, os ha inspirado para realizar acciones constructivas con respecto a vosotros en primer lugar y, seguidamente, sobre vuestros hijos, os encontráis en el camino de la excelencia como padres, y seréis el mejor punto de referencia de vuestros hijos.